에듀윌과 함께 시작하면,
당신도 합격할 수 있습니다!

식품을 전공하고
실전에도 경력을 쌓고 싶은 대학생

취미로 시작해
요리로 미래를 꿈꾸는 직장인

은퇴 후 제2의 인생을 위해
모두 잠든 시간에 책을 펴는 미래의 사장님

누구나 합격할 수 있습니다.
시작하겠다는 '다짐' 하나면 충분합니다.

마지막 페이지를 덮으면

에듀윌과 함께
합격의 길이 시작됩니다.

에듀윌로 합격한
찐! 합격스토리

에듀윌 덕분에, 조리기능사 필기가 쉬워졌어요!

이○나 합격생

저는 실기는 자신 있었는데, 필기가 너무 힘들었어요. 공부할 시간까지 없어서 더 막막했는데 1주끝장으로 4일 만에 합격했어요! 우선 이 책은 나오는 부분만, 표 위주로 구성되어 있고 테마가 끝난 후에는 바로 문제가 나와서 공부하기 편했어요. 어려운 테마에는 QR코드를 찍으면 나오는 짧은 토막강의가 있는데, 저에게는 이 강의가 정말 도움이 많이 되었어요. 쉽게 외울 수 있는 방법도 알려주시고, 이해가 안 되는 부분은 원리를 잘 설명해 주셔서 토막강의가 있는 테마는 책으로 따로 공부하지 않고 이동하면서 강의만 반복적으로 들었어요. 시험 당일에는 휴대폰으로 모의고사 3회만 계속 보았는데 여기에서 비슷한 문제가 많이 나왔어요! 덕분에 생각지도 못한 고득점으로 합격했네요! 에듀윌에 정말 감사드려요~

제과·제빵기능사 합격의 지름길, 에듀윌

이○민 합격생

한 번에, 일주일이라는 단기간에 합격했어요. 시간 여유가 없는 직장인에게는 단기간 합격이 제일 중요하죠! 생소한 단어들도 많고, 양도 많아서 막막했지만 단원마다 정리되어 있는 '핵심 키워드'와 '합격팁'으로 집중적으로 공부할 수 있었습니다. 이해하기 어려운 부분은 에듀윌에서 무료로 제공해 주는 동영상 강의로 해결했어요. 개념 정리뿐만 아니라 기출문제를 통한 복습, 무료특강 그리고 '핵심집중노트'까지, 그 중에 '핵심집중노트'는 시험 보기 전에 꼭 보세요! 핵심집중노트 딱 3번만 정독하시면 무조건 합격이에요. 여러분도 합격의 지름길, 에듀윌로 시작하세요.

에듀윌 필기끝장 한 권으로 단기 합격!

김○정 합격생

조리학과 전공이 아니라서 관련된 지식이 아예 없는 상태였습니다. 제과·제빵 학원을 다니면서도 이론이 어렵고 막막했는데, 에듀윌 강의를 보면서 개념을 정리하고 기출문제를 풀면서 틀린 문제는 오답정리하면서 이해할 수 있었습니다. 책 안에 중간 중간에 있는 인생명언으로 긍정적인 에너지를 얻어 공부에 더 집중할 수 있었습니다. 간편하게 들고 다니기 편한 핵심집중노트로 시험보기 직전에 머릿속 내용들을 정리할 수 있어서 좋은 결과로 합격을 했던 것 같습니다. 일을 다니면서 공부 시간이 많이 부족하고 짧았지만 에듀윌 책은 초보 입문자들도 쉽게 이해하기 편하게 정리가 잘되어 있어서 제과·제빵기능사 필기를 빠르게 합격할 수 있었습니다. 감사합니다! 제과·제빵을 처음 공부하시는 분들께 에듀윌 문제집 강력 추천입니다.^^

다음 합격의 주인공은 당신입니다!

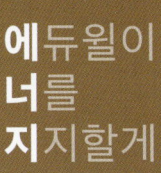

에듀윌이
너를
지지할게
ENERGY

시작하라.

그 자체가 천재성이고,
힘이며, 마력이다.

– 요한 볼프강 폰 괴테(Johann Wolfgang von Goethe)

실제 시험에 출제된, 출제될 조합!

무료특강

01강

갑오징어 명란무침,
생선모둠회

02강

참치 김초밥,
달걀찜

03강

대합 맑은국,
삼치소금구이

04강

도미냄비,
전복버터구이

05강

도미머리 맑은국,
튀김두부

06강

도미조림,
대합술찜

07강

도미술찜,
소고기 덮밥

08강

달걀말이,
우동볶음(야끼우동)

09강

소고기 간장구이,
생선초밥

10강

해삼초회,
전골냄비(스끼야끼)

11강

된장국,
모둠냄비

12강

소고기 양념튀김,
메밀국수(자루소바)

13강

김초밥,
모둠튀김

14강

문어초회,
꼬치냄비

15강

복어

* 에듀윌 도서몰(book.eduwill.net) > 동영상 강의실에서도 수강 가능합니다.
* 폐지된 과제 일부가 포함되어 있습니다.

에듀윌
일식·복어조리기능사

실기

머리말
예비 조리기능사들을 위한 저자의 메시지

> **"** 실전에 딱 맞춘, **합격**을 위한 구성! **"**

인터넷, TV, 유튜브 등의 먹방과 간단요리, 건강요리 등을 소재로 하는 음식 프로그램에 매료되어 요리에 대한 관심이 폭발적으로 일어나고 있으며, 세계 여러 나라의 음식에 대한 관심이 더욱 깊어져 문화와 함께 음식을 찾아 비행기를 타는 매니아들까지 있는 것이 현실이다. 이렇듯, 다양한 관심 속에 요리는 계속해서 성장하고 있다.

본서는 일식 조리기능사 실기 공개문제에 입각했음은 물론, 다년간의 강의 경험을 바탕으로 조리과정과 주의할 점들을 자세하고 이해하기 쉽게 정리하였다. 또한 전 종목을 두개씩 묶어서 보여주는 동영상 강의까지 수록하여 조리과정을 보다 쉽게, 시간에 맞춰 익힐 수 있도록 하였으며, 실습을 하면서도 조리과정을 한눈에 볼 수 있는 스탠드형 핵심요약집을 수록하여 학습의 편리성을 극대화하였다. 이에 본서는 조리기능사 자격시험 대비는 물론 생활과 전문조리인의 레시피 연구에도 도움이 될 수 있을 것으로 사료된다. 자격증 취득을 원하는 모든 분들의 노력에 결실이 깃들기를 바라며, 건강과 기쁨이 언제 어디서나 함께하기를 바란다.

최은주
- 백석문화대학교 외식산업학부 교수
- 경기대학교 대학원 외식산업경영 박사
- 경기대학교 대학원 서비스벤처창업경영 석사
- 조리기능사 실기시험 감독위원

🍲 교재활용 TIP

1. 시험시간에 따른 구분

출제되는 두 과제는 시험시간에 따라 달라진다. 두 과제의 시험시간 합이 60~70분 정도 되도록 조합하여 연습하자!

2. 주의

정확한 실습을 위해 주의할 점을 제시하였다. 해당 조리과정에서 기억해야 할 주의사항을 기억하자!

3. 스탠드형 핵심요약집

실습하면서 무거운 책을 찾지 않아도 된다. 핵심요약집을 조리대에 세워놓고 연습하자!

4. 저자직강 무료동영상

온라인(에듀윌 도서몰과 QR코드)에서 제공되는 실제 시험과 동일한 구성의 무료동영상을 보고 실전 감각을 익히자!

시험안내

🍱 응시료
- 일식: 30,800원
- 복어: 35,100원

🍱 시험장 준비물
- 일식: 가위, 강판, 계량스푼, 계량컵, 공기, 국대접, 김발, 냄비, 달걀말이 프라이팬, 랩/호일, 석쇠, 소창 또는 면포, 쇠꼬치(쇠꼬챙이), 쇠조리(혹은 체), 숟가락, 앞치마, 위생모 또는 머리 수건, 위생복, 위생타올, 젓가락, 종이컵, 칼, 키친페이퍼, 프라이팬, 상비의약품
- 복어: 계량스푼, 냄비, 랩/호일, 석쇠, 쇠조리(혹은 체), 위생타올, 젓가락, 칼, 프라이팬, 가위, 계량컵, 공기, 국대접, 김발, 비닐팩, 소창 또는 면포, 숟가락, 앞치마, 위생모 또는 머리 수건, 위생복, 상비의약품

※ 위생 복장(위생복, 위생모, 앞치마, 마스크)을 착용하지 않을 경우 실격, 세부기준(흰색, 긴소매, 긴바지 등)을 준수하지 않을 경우 감점 처리됨

🍱 출제경향
- 요구작업: 지급된 재료를 갖고 요구하는 작품을 시험시간 내에 1인분을 만들어 내는 작업
- 주요 평가내용: 위생상태(개인 및 조리과정), 조리의 기술(기구취급, 동작, 순서, 재료 다듬기 방법), 작품의 평가, 정리정돈 및 청소

🍱 자격증 교부
- 수첩 형태의 자격증 발급
- 신청절차: http://q-net.or.kr에서 발급을 신청한 후, 자격증 수령방법 선택(방문수령/우체국 배송)
- 접수기간: 합격자 발표 후 60일 이내로 권고
- 자격증 발급 수수료: 3,100원
- 문의전화: 1644-8000(월~금, 09:00~18:00)

🔔 출제기준

• 일식

직무 분야	음식 서비스
중직무 분야	조리
자격종목	일식조리기능사

• **직무내용**
일식 메뉴 계획에 따라 식재료를 선정, 구매, 검수, 보관 및 저장하며 맛과 영양을 고려하여 안전하고 위생적으로 음식을 조리하고 조리기구와 시설관리를 수행하는 직무이다.

• **수행준거**
1. 위생 관련 지식을 이해하고 개인위생·식품위생을 관리하고 전반적인 조리작업을 위생적으로 할 수 있다.
2. 일식 기초조리작업 수행에 필요한 칼 다루기, 조리방법 등 기본적 지식을 이해하고 기능을 익혀 조리업무에 활용할 수 있다.
3. 준비된 식재료에 따라 다양한 양념을 첨가하여 용도에 맞춰 무쳐낼 수 있다.
4. 준비된 맛국물에 주재료를 사용하여 맛과 향을 중요시하게 조리할 수 있다.
5. 다양한 식재료를 이용하여 조림을 할 수 있다.
6. 면 재료를 이용하여 양념, 국물과 함께 제공하여 조리할 수 있다.
7. 식사로 사용되는 밥 짓기, 녹차 밥, 덮밥류, 죽류를 조리할 수 있다.
8. 손질한 식재료를 혼합 초를 이용하여 초회를 조리할 수 있다.

실기검정방법	작업형

• 복어

직무 분야	음식 서비스
중직무 분야	조리
자격종목	복어조리기능사

• **직무내용**
복어 조리 메뉴 계획에 따라 식재료를 선정, 구매, 검수, 보관 및 저장하며 맛과 영양을 고려하여 안전하고 위생적으로 음식을 조리하고 조리기구와 시설관리를 수행하는 직무이다.

• **수행준거**
1. 위생 관련 지식을 이해하고 개인위생·식품위생을 관리하고 전반적인 조리작업을 위생적으로 할 수 있다.
2. 복어 기초조리작업 수행에 필요한 칼 다루기, 조리 방법 등 기본적 지식을 이해하고 기능을 익혀 조리업무에 활용할 수 있다.
3. 주방에서 일어날 수 있는 사고와 재해에 대하여 안전수칙준수, 안전예방 등을 할 수 있다.
4. 복어조리 작업 수행에 필요한 재료를 저장, 재고관리 등 재료를 효율적으로 관리할 수 있다.
5. 다양한 채소류, 복떡과 곁들임 재료를 손질 할 수 있다.
6. 초간장, 양념, 조리별 양념장을 용도에 맞게 만들 수 있다.
7. 채 썬 껍질을 초간장에 무쳐낼 수 있다.
8. 준비된 맛국물에 주재료를 사용하여 맛과 향을 중요시하게 조리할 수 있다.
9. 복어살을 전처리하여 얇게 포를 떠서 국화 모양으로 그릇에 담을 수 있다.

실기검정방법	작업형

🍽 수험자 공통 유의 사항

1. 만드는 순서에 유의하며, 위생과 숙련된 기능평가를 위하여 조리작업 시 맛을 보지 않는다.
2. 지정된 수험자지참준비물 이외의 조리기구나 재료를 시험장 내에 지참할 수 없다.
3. 지급재료는 시험 전 확인하여 이상이 있을 경우 시험위원으로부터 조치를 받고 시험 중에는 재료의 교환 및 추가 지급은 하지 않는다.
4. 요구사항 및 지급재료의 규격은 "정도"의 의미를 포함하며, 지급된 재료의 크기에 따라 가감하여 채점한다.
5. 위생복, 위생모, 앞치마, 마스크를 착용하여야 하며, 시험장비·조리도구 취급 등 안전에 유의한다.
6. 다음 사항에 대해서는 채점대상에서 제외한다.
    - 수험자 본인이 시험 도중 시험에 대한 포기 의사를 표현하는 경우
    - 위생복, 위생모, 앞치마, 마스크를 착용하지 않은 경우
    - 시험시간 내에 과제 두 가지를 제출하지 못한 경우
    - 문제의 요구사항대로 과제의 수량이 만들어지지 않은 경우
    - 완성품을 요구사항의 과제(요리)가 아닌 다른 요리(예 달걀말이→달걀찜)로 만든 경우
    - 불을 사용하여 만든 조리작품이 작품특성에 벗어나는 정도로 타거나 익지 않은 경우
    - 해당 과제의 지급재료 이외의 재료를 사용하거나 요구사항의 조리도구(석쇠 등)로 완성품을 조리하지 않은 경우
    - 지정된 준비물 이외의 조리기술에 영향을 줄 수 있는 기구를 사용한 경우
    - 가스레인지 화구를 2개 이상(2개 포함) 사용한 경우
    - 시험 중 시설·장비(칼, 가스레인지 등) 사용 시 시험위원 및 타수험자의 시험 진행에 위해를 일으킬 것으로 시험위원 전원이 합의하여 판단한 경우
    - 요구사항에 표시된 실격 및 부정행위에 해당하는 경우
7. 항목별 배점은 위생상태 및 안전관리 5점, 조리기술 30점, 작품의 평가 15점이다.
8. 시험시간 전 가벼운 몸 풀기(스트레칭) 동작으로 긴장을 풀고 시험을 시작한다.

차례

실기는 시험시간에 따라 출제되는 과제가 달라진다

- 머리말 ··· 4
- 시험안내 ·· 5
- 기초손질 ··· 10

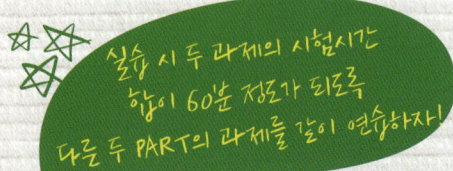
실습 시 두 과제의 시험시간
합이 60분 정도가 되도록
다른 두 PART의 과제를 같이 연습하자!

[일식] PART 01 시험시간 20분

갑오징어 명란무침	16
소고기 간장구이	20
참치 김초밥	24
문어초회	28
해삼초회	32
대합 맑은국	36
된장국	39

[일식] PART 02 시험시간 25분

전복버터구이	46
달걀말이	50
김초밥	54

[일식] PART 03 시험시간 30분 이상

삼치소금구이	62
달걀찜	66
소고기 덮밥	70

도미조림	74
도미술찜	78
도미머리 맑은국	82
메밀국수(자루소바)	86
우동볶음(야끼우동)	90
생선초밥	93

[일식_특별제공] 과년도 폐지 과제

튀김두부	102
대합술찜	105
소고기 양념튀김	109
도미냄비	112
생선모둠회	116
모둠튀김	120
전골냄비(스끼야끼)	124
꼬치냄비	128
모둠냄비	132

[복어] 복어회, 복어껍질, 복어죽(조우스이) 시험시간 56분

복어 기초손질 과정	138
복어부위 감별	143
복어회	144
복어껍질초회	147
복어죽(조우스이)	150

강의 목차

- 01강. 갑오징어 명란무침, 생선모둠회
- 02강. 참치 김초밥, 달걀찜
- 03강. 대합 맑은국, 삼치소금구이
- 04강. 도미냄비, 전복버터구이
- 05강. 도미머리 맑은국, 튀김두부
- 06강. 도미조림, 대합술찜
- 07강. 도미술찜, 소고기 덮밥
- 08강. 달걀말이, 우동볶음(야끼우동)
- 09강. 소고기 간장구이, 생선초밥
- 10강. 해삼초회, 전골냄비(스끼야끼)
- 11강. 된장국, 모둠냄비
- 12강. 소고기 양념튀김, 메밀국수(자루소바)
- 13강. 김초밥, 모둠튀김
- 14강. 문어초회, 꼬치냄비
- 15강. 복어

기초손질 재료의 기초손질 과정을 한 번에!

🍲 당근 - 꽃 모양　　종목 도미술찜

1

2

3

4

5

6

🍲 표고버섯 - 별 모양　　종목 도미술찜

1

2

3

🍲 오이-쟈바라 썰기　　종목 문어초회, 해삼초회

🍲 무-은행잎 모양　　종목 도미술찜

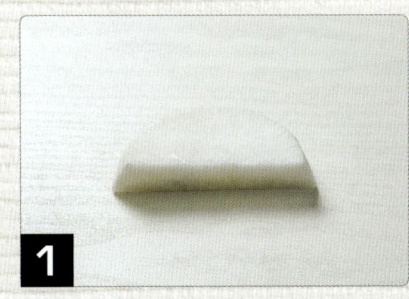

🍲 무 - 국화꽃 모양   종목 삼치소금구이

1

2

3

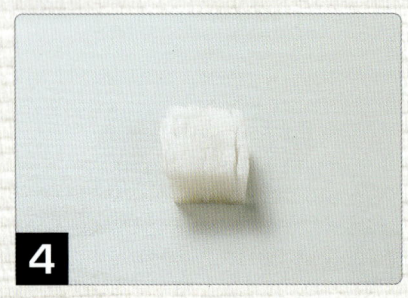
4

5

🍲 도미 손질   종목 도미조림, 도미술찜, 도미머리 맑은국

1
비늘 제거하기

2
양쪽 지느러미 자르기

3
등 지느러미 자르기

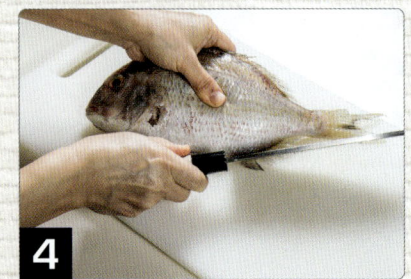
4
배 지느러미 자르기

5
아가미 벌려 칼집 넣기

6
아가미 안쪽 얇은 막 끊기

7
배 가르기

8
아가미 잡고 내장 한 번에 제거하기

9
앞쪽 머리 가르기

10
뒤쪽 머리 가르기

11
머리 자르기

12
이빨 가운데와 입 안에 칼 넣고 머리 가르기

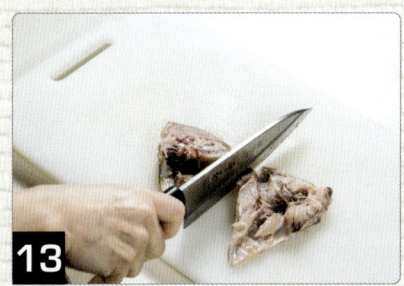
13
머리 반 자르기

14
몸통 자르기

15
꼬리 지느러미 V자로 자르기

16
몸통 석장뜨기

17
머리 비늘 제거하기 위해 따뜻한 물 끼얹기

18
머리 비늘 긁어내기

PART 01

시험시간 **20분**

- 갑오징어 명란무침 ······ 16
- 소고기 간장구이 ······ 20
- 참치 김초밥 ······ 24
- 문어초회 ······ 28
- 해삼초회 ······ 32
- 대합 맑은국 ······ 36
- 된장국 ······ 39

갑오징어 명란무침
(いかのさくらあえ 이까노사쿠라아에)

 합격 Point

★ 요구사항에 맞게 갑오징어를 손질해야 한다.
★ 갑오징어가 하얗게 익지 않도록 살짝 데쳐내야 한다.
★ 갑오징어와 명란의 껍질이 들어가지 않게 해야 한다.

용어 이해

- 고우이까(こういか) = 갑오징어
- 가이와리(かいわり) = 무순(떡잎)
- 시오(しお) = 소금
- 이까(いか) = 오징어
- 세슈(せいしゅ) = 청주

요구사항

주어진 재료를 사용하여 다음과 같이 갑오징어 명란무침을 만드시오.

❶ 명란젓은 껍질을 제거하고 알만 사용하시오.
❷ 갑오징어는 속껍질을 제거하여 사용하시오.
❸ 갑오징어를 소금물에 데쳐 0.3cm × 0.3cm × 5cm 크기로 썰어 사용하시오.

재료

- 갑오징어 몸살 70g
- 명란젓 40g
- 무순 10g
- 청차조기잎(시소, 깻잎으로 대체 가능) 1장
- 소금(정제염) 10g

빈출 조합

- 달걀찜 P.66
- 도미머리 맑은국 P.82

조리과정

1 깻잎(또는 시소)과 무순은 찬물에 담가두었다가 면포로 물기를 제거한다.

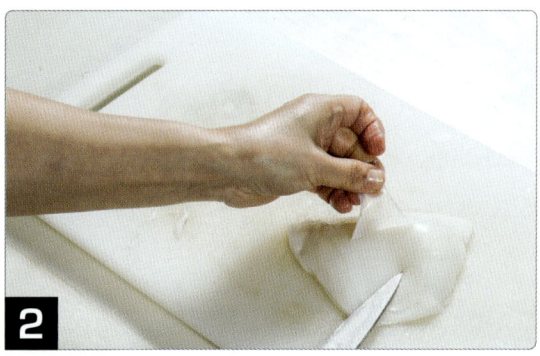

2 갑오징어는 먼저 껍질을 벗긴다.

3 껍질을 벗긴 갑오징어를 0.3cm 두께로 포 뜬다.

4 두께와 같은 0.3cm로 채 썬다.

5 50℃ 정도로 데운 물 0.5컵에 소금을 넣고 채 썬 갑오징어를 데친다.

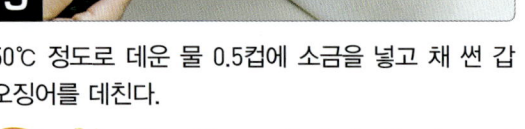

주의 물을 너무 뜨겁게 데우면 갑오징어가 오그라들면서 익게 된다.

6 명란젓은 칼등으로 알만 긁어낸다.

데친 갑오징어와 명란알을 젓가락으로 고루 섞고 약간의 소금으로 간하여 버무린다.

완성 접시에 깻잎을 깔고 7을 담은 후 무순을 곁들여낸다.

소고기 간장구이
(ぎゅうにくのてりやき 규니쿠노데리야끼)

★ 소고기에 칼집을 넣어 오그라들지 않게 한다.
★ 소고기는 미디엄으로 익혀야 한다.

일식 · 복어조리기능사 실기

용어 이해

- 규니쿠(ぎゅうにく) = 소고기
- 하리(はり) = 바늘
- 쇼우가(しょうが) = 생강
- 쇼유(しょうゆ) = 간장
- 사토(さとう) = 설탕
- 하리쇼가(はりしょが) = 생강채, 바늘처럼 가늘게 썬 생강을 찬물에 헹궈낸 것
- 데리야끼(てりやき) = 미림과 간장으로 만든 소스를 발라 윤기나게 굽는 것

요구사항

주어진 재료를 사용하여 다음과 같이 소고기 간장구이를 만드시오.

❶ 양념간장(다래)과 생강채(하리쇼가)를 준비하시오.
❷ 소고기를 두께 1.5cm, 길이 3cm로 자르시오.
❸ 프라이팬에 구이를 한 다음 양념간장(다래)을 발라 완성하시오.

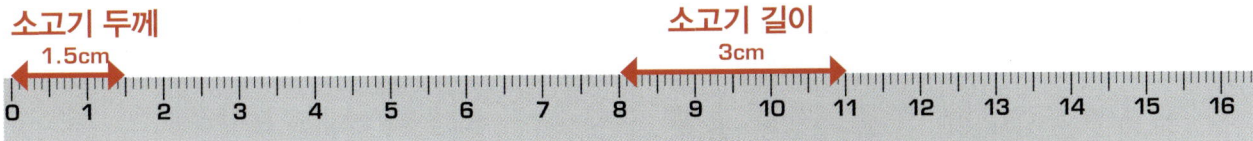

재료

- 소고기(등심, 덩어리) 160g
- 건다시마(5×10cm) 1장
- 통생강 30g
- 깻잎 1장
- 산초가루 3g
- 검은 후춧가루 5g
- 소금(정제염) 20g
- 진간장 50ml
- 흰설탕 30g
- 식용유 100ml
- 청주 50ml
- 맛술(미림) 50ml

양념장

- **양념간장(다래)**
  다시물 4큰술, 설탕 2큰술, 간장 2큰술, 청주 2큰술, 미림 2큰술

빈출 조합

- 소고기 덮밥 P.70
- 생선초밥 P.93

조리과정

1. 물 1컵에 다시마를 넣고 끓여 다시물을 준비한다.

2. 깻잎은 씻어서 물기 없이 준비하고, 통생강은 바늘처럼 가늘게 채 썰어 찬물에 담가 놓는다.

3. 냄비에 다시물, 설탕, 간장, 청주, 미림을 넣고 1/2로 졸여서 다래소스를 만든다.

4. 소고기 덩어리는 1.5cm 두께로 펴서 힘줄을 칼끝으로 끊어주고, 소고기가 오그라들지 않게 칼집을 넣은 후 소금, 후춧가루를 뿌려 놓는다.

5. 달군 팬에 기름을 두르고 소고기의 앞·뒤를 초벌로 익힌다.

6. 초벌로 익힌 소고기에 다래소스를 발라가며 중간(미디엄)으로 익힌다.

주의 소고기 속은 완전히 익히지 않는다.

7 완성 접시에 깻잎을 깔고 소고기를 팬에서 꺼내 3cm 길이로 어슷 썬 후 깻잎 위에 올린다.

8 팬에 남아 있는 소스를 소고기 위에 끼얹고 생강채를 접시 오른편 앞쪽에 놓은 후, 산초가루를 살짝 뿌려 완성한다.

참치 김초밥
(てっかまき 뎃카마끼)

 합격 Point

★ 참치가 밥의 중앙에 오도록 해야 한다.
★ 참치 김초밥의 크기가 일정해야 한다.

용어 이해

- 뎃까마끼(てっかまき) = 참치를 넣어 만 김초밥
- 와사비(わさび) = 고추냉이
- 마키스(まきす) = 김발
- 스(す) = 식초

요구사항

주어진 재료를 사용하여 다음과 같이 참치 김초밥을 만드시오.

❶ 김을 반장으로 자르고, 눅눅하거나 구워지지 않은 김은 구워 사용하시오.
❷ 고추냉이와 초생강을 만드시오.
❸ 초밥 2줄은 일정한 크기 12개로 잘라 내시오.
❹ 간장을 곁들여 내시오.

재료

- 밥(뜨거운 밥) 120g
- 청차조기잎(시소, 깻잎으로 대체 가능) 1장
- 붉은색 참치살(아까미) 100g
- 김(초밥 김) 1장
- 통생강 20g
- 고추냉이(와사비분) 15g
- 흰설탕 50g
- 소금(정제염) 20g
- 식초 70ml
- 진간장 10ml

양념장

- **초밥초(스시스)**
  식초 3큰술, 설탕 2큰술, 소금 1작은술
- **초생강 담금초**
  식초 2큰술, 설탕 1큰술, 소금 1/2작은술

빈출 조합

- 달걀찜 P.66
- 도미술찜 P.78

조리과정

1 초밥초(스시스)를 만들어 밥이 따뜻할 때 버무려 펼쳐 놓은 후 젖은 면포를 덮어 놓는다.

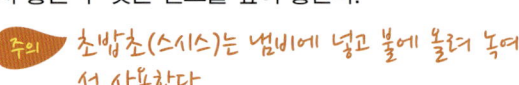
주의 초밥초(스시스)는 냄비에 넣고 불에 올려 녹여서 사용한다.

2 시소(또는 깻잎)는 찬물에 담가 놓고, 와사비는 동량의 찬물로 개어 놓는다.

3 통생강은 얇게 썰어 끓는 물에 데친 후 담금초에 넣어 초생강을 만든다.

4 참치는 5% 정도의 소금물에 담가 반 정도 녹으면 건져낸 후, 면포에 감싸 물기를 제거한다. 김 길이만큼 잘라 두께를 사방 1cm 정도로 두껍게 썰어준다.

5 김을 살짝 구워 반으로 자르고, 초밥을 김의 4/5까지 고르게 편 후 와사비를 중심에 길게 바른다.

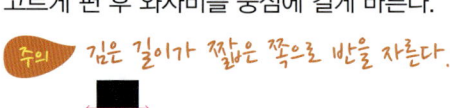
주의 김은 길이가 짧은 쪽으로 반을 자른다.

6 와사비 위에 참치를 놓는다.

7 김발로 밥의 끝과 끝이 만나도록 한 번에 네모지게 모양을 내어 만다.

8 남은 반 장의 김도 같은 방법으로 말고, 두 줄의 참치 김초밥을 6등분하여 12개의 참치 김초밥을 만든다.

9 완성 접시에 참치 김초밥, 시소, 초생강을 보기 좋게 담고 간장을 곁들여낸다.

문어초회
(たこのすのもの 타코노스노모노)

★ 문어를 너무 오래 삶으면 질겨지므로 시간 조절에 유의해야 한다.

용어 이해

- 타코(たこ) = 문어
- 스노모노(すのもの) = 초회 요리
- 와카메(わかめ) = 미역
- 큐리(きゅうり) = 오이
- 도사스 = 도사 지방의 가쓰오부시를 넣어 만든 소스
- 쟈바라(じゃばら) = 아코디언의 주름 상자, 주름 모양이 나도록 신축성 칼집을 내는 것

요구사항

주어진 재료를 사용하여 다음과 같이 문어초회를 만드시오.

1. 가다랑어 국물을 만들어 양념초간장(도사스)을 만드시오.
2. 문어는 삶아 4~5cm 길이로 물결모양 썰기(하조기리)를 하시오.
3. 미역은 손질하여 4~5cm 크기로 사용하시오.
4. 오이는 둥글게 썰거나 줄무늬(쟈바라) 썰기하여 사용하시오.
5. 문어초회 접시에 오이와 문어를 담고 양념초간장(도사스)을 끼얹어 레몬으로 장식하시오.

삶은 문어, 미역 4~5cm

재료

- 가다랑어포(가쓰오부시) 5g
- 문어다리(생문어, 80g) 1개
- 건미역 5g
- 레몬 1/4개
- 오이(가늘고 곧은 것, 20cm) 1/2개
- 건다시마(5×10cm) 1장
- 소금(정제염) 10g
- 흰설탕 10g
- 진간장 20ml
- 식초 30ml

양념장

- **양념초간장(도사스)**
  가쓰오 다시물 4큰술, 식초 2큰술, 간장 1/2작은술, 설탕 1/2작은술, 소금 약간

빈출 조합

- 삼치소금구이 P.62
- 도미조림 P.74

조리과정

1 찬물 1컵에 다시마를 넣고 끓으면 불을 끄고 다시마를 건져낸 후 가다랑어포를 넣는다. 5~10분 정도 지나면 국물을 고운체에 걸러 가쓰오 다시물을 만든다.

2 오이는 소금으로 문질러 씻은 후 쟈바라 썰기를 한다.
* 쟈바라 썰기: 윗면에 0.2cm 정도의 간격으로 어슷하게 오이의 밑면 1/3 지점까지 칼집을 넣고, 오이를 뒤집어 같은 간격으로 어슷하게 2/3까지 칼집을 넣어준다.
*자세한 손질법은 P.11 참고

3 쟈바라 썰기 한 오이는 소금물에 절인다.

4 소금물에 절인 오이를 물에 헹궈 2~3cm 길이로 썰어준 후 비틀어 모양을 낸다.

5 미역은 불린 후, 끓는 소금물에 살짝 데치고 김발에 길게 놓고 말아 4~5cm 길이로 썰어준다.

6 가쓰오 다시물, 식초, 간장, 설탕, 소금으로 도사스를 만들어 살짝 끓인 후 식힌다.

주의 *도사스의 색이 너무 진하지 않게 한다.*

7 문어는 소금으로 문질러 씻은 후 끓는 물 1컵에 간장, 식초, 소금 약간을 넣고 삶는다.

주의 자숙문어일 경우는 살짝만 삶고 생문어일 경우는 더 오래 삶아야 한다.

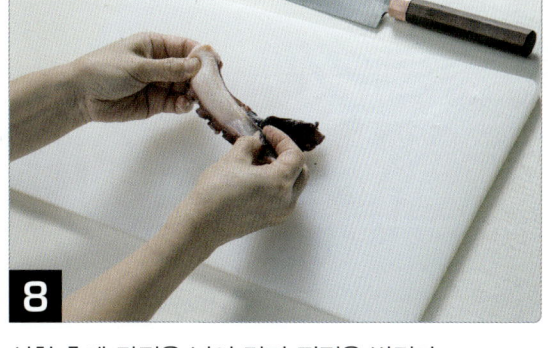

8 식힌 후에 칼집을 넣어 먼저 껍질을 벗긴다.

9 껍질을 벗겨낸 문어는 지그재그로 얇고 어슷하게 4~5cm 길이로 파도 썰기를 한다.

10 완성 접시에 문어, 오이, 미역, 반달 모양으로 썬 레몬을 담고 도사스를 끼얹어 완성한다.

해삼초회
(なまこのすのもの 나마코노스노모노)

★ 해삼 손질에 유의해야 하며, 너무 잘게 썰지 않는다.

용어 이해

- 나마코(なまこ) = 해삼
- 폰즈(ポンず) = 등자나무의 열매를 짜서 만든 즙
- 아카오로시(あかおろし), 모미지오로시(もみじおろし) = 무를 강판에 갈아 빨간색 물을 들인 것
- 야꾸미(やくみ) = 음식에 곁들이는 양념
- 오로시(おろし) = 채소를 강판에 가는 것

요구사항

주어진 재료를 사용하여 다음과 같이 해삼초회를 만드시오.

1. 오이를 둥글게 썰거나 줄무늬(쟈바라) 썰기하여 사용하시오.
2. 미역을 손질하여 4~5cm로 써시오.
3. 해삼은 내장과 모래가 없도록 손질하고 힘줄(스지)을 제거하시오.
4. 빨간 무즙(아카오로시)과 실파를 준비하시오.
5. 초간장(폰즈)을 끼얹어내시오.

재료

- 가다랑어포(가쓰오부시) 10g
- 해삼(fresh) 100g
- 오이(가늘고 곧은 것, 20cm) 1/2개
- 건미역 5g
- 실파(1뿌리) 20g
- 무 20g
- 건다시마(5×10cm) 1장
- 레몬 1/4개
- 소금(정제염) 5g
- 고춧가루(고운 것) 5g
- 식초 15ml
- 진간장 15ml

양념장

- **초간장(폰즈)**
  가쓰오 다시물 3큰술, 식초 1큰술, 간장 1작은술

- **양념(야꾸미)**
  고춧가루 물들인 무즙, 실파, 레몬

빈출 조합

- 소고기 덮밥 P.70
- 메밀국수(자루소바) P.86

조리과정

1 찬물 1컵에 다시마를 넣고 끓으면 불을 끄고 다시마를 건져낸 후 가다랑어포를 넣는다. 5~10분 정도 지나면 국물을 고운체에 걸러 가쓰오 다시물을 만든다.

2 오이는 소금으로 문질러 씻은 후 쟈바라 썰기를 하여 소금물에 절였다가 2~3cm 길이로 썰어준 후 비틀어 모양을 낸다.

*자세한 손질법은 P.11 참고

3 미역은 불린 후 끓는 소금물에 살짝 데치고, 김발에 길게 놓고 말아 4~5cm 길이로 썰어준다.

4 무를 강판에 갈아 물에 헹궈서 짠 후 고춧가루로 색을 내고, 실파는 0.5cm 크기로 썰어 헹군 후 면포에 짜준다. 레몬도 반달 모양으로 썰어 그릇에 담아 야꾸미를 준비한다.

5 가쓰오 다시물 3큰술, 식초 1큰술, 간장 1작은술로 폰즈를 만든다.

6 해삼은 배를 갈라 내장과 모래, 힘줄을 제거한 후 양끝을 잘라낸다.

주의 살아 있는 해삼은 나중에 손질한다.

7 손질한 해삼을 소금물에 헹구어 2cm 크기로 썬다.

8 완성 그릇에 해삼, 오이, 미역을 담아 폰즈를 끼얹고 야꾸미를 곁들여낸다.

대합 맑은국
(はまぐりのすいもの 하마구리노스이모노)

 합격 Point

★ 국물의 간은 약간 싱거워야 하며, 국물이 뜨거울 때 완성하여 제출해야 한다.
★ 국물이 맑아야 한다.

용어 이해

- 하마구리(はまぐり) = 대합
- 곤부(こんぶ) = 다시마
- 스이모노(すいもの) = 식사 때 내는 맑은국

요구사항

주어진 재료를 사용하여 다음과 같이 대합 맑은국을 만드시오.

① 조개 상태를 확인한 후 해감하여 사용하시오.
② 다시마와 백합조개를 넣어 끓으면 다시마를 건져내시오.

재료

- 백합조개(개당 40g, 5cm 내외) 2개
- 쑥갓 10g
- 건다시마(5×10cm) 1장
- 레몬 1/4개
- 소금(정제염) 10g
- 청주 5ml
- 국간장(진간장 대체 가능) 5ml

빈출 조합

- 김초밥 P.54
- 삼치소금구이 P.62
- 우동볶음(야끼우동) P.90

조리과정

1 쑥갓은 찬물에 담가 놓고, 백합조개 2개를 마주 대고 두들겨보아 맑은 소리가 나면 소금물에 해감한다.

2 레몬은 오리발 모양으로 만든다.

3 찬물 2컵 정도에 백합조개와 다시마를 넣어 끓이다가 다시마를 건져내고, 조개 입이 벌어지면 거품을 걷어낸 후 조개를 건져낸다.

 주의 센불에서 오래 끓이면 국물이 탁해지고 조갯살이 질겨진다.

4 입이 벌어진 백합조개의 살이 없는 껍질은 제거하고, 살이 붙어 있는 껍질의 조갯살을 숟가락으로 떼어내 다시 껍질에 올린 후 완성 그릇에 담는다.

5 국물은 면포나 고운체에 걸러 청주, 간장, 소금 약간을 넣고 다시 끓인다.

6 조개를 담아둔 완성 그릇에 **5**를 8부 정도 부어준 후 쑥갓잎, 레몬 오리발을 띄워 완성한다.

된장국
(みそしる 미소시루)

콕! 합격 Point

★ 두부와 미역의 크기를 일정하게 해야 한다.
★ 제출할 때 국물이 식지 않게 한다.

용어 이해

- 미소(みそ) = 된장
- 시루(しる) = 국

요구사항

주어진 재료를 사용하여 다음과 같이 된장국을 만드시오.

❶ 다시마와 가다랑어포(가쓰오부시)로 가다랑어국물(가쓰오다시)을 만드시오.
❷ 1cm × 1cm × 1cm로 썬 두부와 미역은 데쳐 사용하시오.
❸ 된장을 풀어 한소끔 끓여내시오.

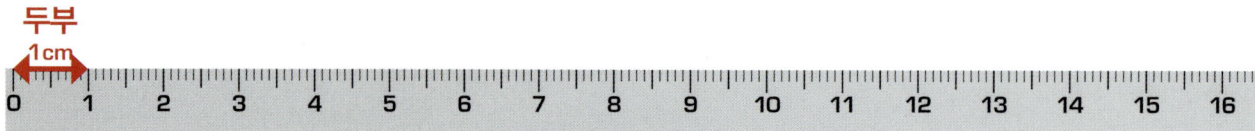

재료

- 일본된장 40g
- 판두부 20g
- 건다시마(5×10cm) 1장
- 실파(1뿌리) 20g
- 산초가루 1g
- 건미역 5g
- 가다랑어포(가쓰오부시) 5g
- 청주 20ml

빈출 조합

- 소고기 덮밥 P.70
- 도미조림 P.74

조리과정

1 찬물 2컵에 다시마를 넣고 끓으면 불을 끄고 다시마를 건져낸 후 가다랑어포를 넣는다. 5~10분 정도가 지나면 국물을 고운체에 걸러 가쓰오 다시물을 만든다.

2 미역은 물에 불려 데친 후 사방 2cm 정도로 썰어 놓고, 두부는 1cm × 1cm × 1cm로 썰어 끓는 물에 데친다.

3 실파는 0.5cm 크기로 썰어 물에 헹군 후 면포에 물기를 짜 놓는다.

 실파를 굵게 썰지 않도록 주의한다.

4 냄비에 가쓰오 다시물 1.5컵을 부어 끓으면 일본된장 1큰술을 풀고 청주 1작은술을 넣어 살짝 끓여낸 후, 체에 걸러 된장국을 만든다.

 된장국을 센불에 오래 끓이지 않고 살짝만 끓여낸다.

5 완성 그릇에 두부, 미역, 실파를 넣은 후 **4**의 국물을 부어낸다.

 두부, 미역을 된장국에 넣고 끓이지 않는다.

6 **5**에 산초가루를 살짝 뿌려 완성한다.

**에듀윌이
너를
지지할게**

ENERGY

자신의 능력을 믿어야 한다.
그리고 끝까지 굳세게 밀고 나가라.

– 엘리너 로잘린 스미스 카터(Eleanor Rosalynn Smith Carter)

PART 02

시험시간 25분

- 전복버터구이 46
- 달걀말이 50
- 김초밥 54

전복버터구이
(あわびのバターやき 아와비노바타야끼)

시험시간 **25분**

합격 Point

★ 채소는 전복의 크기와 비슷해야 한다.
★ 버터는 나중에 넣고 볶아야 한다.

용어 이해

- 아와비(あわび) = 전복
- 다마네기(たまねぎ) = 양파
- 바타야끼[バター(butter)やき] = 버터를 사용한 구이 요리

요구사항

주어진 재료를 사용하여 다음과 같이 전복버터구이를 만드시오.

① 전복은 껍질과 내장을 분리하고 칼집을 넣어 한입 크기로 어슷하게 써시오.
② 내장은 모래주머니를 제거하고 데쳐 사용하시오.
③ 채소는 전복의 크기로 써시오.
④ 은행은 속껍질을 벗겨 사용하시오.

재료

- 전복(2마리, 껍질 포함) 150g
- 청차조기잎(시소, 깻잎으로 대체 가능) 1장
- 양파(중, 150g) 1/2개
- 청피망(중, 75g) 1/2개
- 은행(중간 크기) 5개
- 버터 20g
- 청주 20ml
- 검은 후춧가루 2g
- 소금(정제염) 15g
- 식용유 30ml

빈출 조합

- 달걀말이 P.50
- 메밀국수(자루소바) P.86

조리과정

1. 깻잎(또는 시소)은 찬물에 담가 놓는다.

2. 전복은 솔로 문질러 씻은 후 살과 껍질 사이에 숟가락을 넣어 살을 떼어낸다.

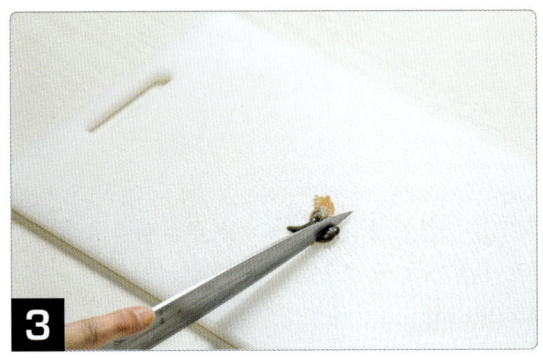

3. 내장을 분리하여 모래주머니를 자른다.

4. 끝 쪽에 있는 이빨도 제거한다.

5. 내장은 소금 약간을 넣고 데친다.

6. 전복살에 0.3cm 정도의 칼집을 넣는다.

7 칼집의 반대 방향으로 한입 크기로 저며 썰어준다.

8 양파, 피망도 같은 크기로 썰어준다.

9 팬을 달궈 기름을 두르고 은행과 약간의 소금을 넣어 볶은 후 껍질을 벗긴다.

 태우지 않도록 주의한다.

10 팬을 달궈 기름을 두르고 양파, 피망을 볶다가 전복 살과 내장을 넣고 볶는다.

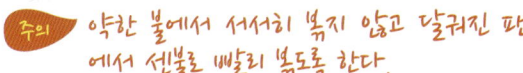 약한 불에서 서서히 볶지 않고 달궈진 팬에서 센불로 빨리 볶도록 한다.

11 10에 은행을 넣고 볶으면서 청주, 후춧가루, 소금 약간으로 간을 한 후, 버터를 넣고 향을 내어 마무리한다.

 처음부터 버터를 넣고 볶으면 재료들이 버터기름에 까맣게 되고 향이 나지 않는다.

12 완성 접시에 깻잎을 깔고 11을 담아 완성한다.

달걀말이
(だしまきたまご 다시마끼다마고)

시험시간 **25**분

합격 Point

★ 달걀을 말 때 주걱이나 손을 사용하지 않고 반드시 젓가락을 사용해야 한다.
★ 조리 온도가 너무 높거나 조리 시간이 길어져 달걀의 색이 변하지 않게 주의한다.
★ 달걀말이의 크기를 요구사항에 맞게 썰어 완성해야 한다.

용어 이해

- 다마고(たまご) = 달걀
- 미린(みりん) = 미림, 조미료로 쓰기 위해 양념한 달콤한 술

요구사항

주어진 재료를 사용하여 다음과 같이 달걀말이를 만드시오.

❶ 달걀과 가다랑어 국물(가쓰오다시), 소금, 설탕, 맛술(미림)을 섞은 후 체에 걸러 사용하시오.
❷ 젓가락을 사용하여 달걀말이를 한 후 김발을 이용하여 사각 모양을 만드시오(단, 달걀을 말 때 주걱이나 손을 사용할 경우 감점 처리).
❸ 길이 8cm, 높이 2.5cm, 두께 1cm로 썰어 8개를 만들고, 완성되었을 때 틈새가 없도록 하시오.
❹ 달걀말이(다시마끼)와 간장무즙을 접시에 보기 좋게 담아내시오.

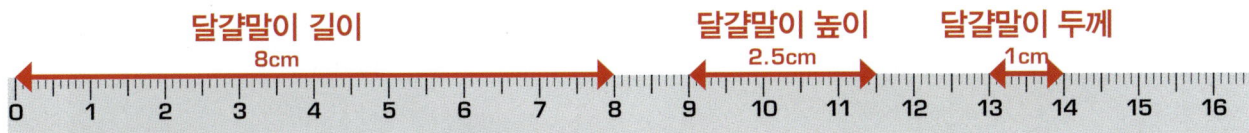

재료

- 청차조기잎(시소, 깻잎으로 대체 가능) 2장
- 가다랑어포(가쓰오부시) 10g
- 건다시마(5×10cm) 1장
- 달걀 6개
- 무 100g
- 흰설탕 20g
- 소금(정제염) 10g
- 식용유 50ml
- 맛술(미림) 20ml
- 진간장 30ml

빈출 조합

- 전복버터구이 P.46
- 우동볶음(야끼우동) P.90

1 깻잎(또는 시소)은 찬물에 담가 놓는다.

2 찬물 1컵에 다시마를 넣고 끓으면 불을 끄고 다시마를 건져낸 후 가다랑어포를 넣는다. 5~10분 정도가 지나면 국물을 고운체에 걸러 가쓰오 다시물을 만든다.

3 달걀 6개, 가쓰오 다시물 5큰술, 소금 1작은술, 설탕 1.5큰술, 미림 1.5큰술을 섞은 후 고운체에 내려 달걀물을 만든다.

4 사각팬에 기름을 둘러 살짝 달군 후 기름을 따라내고 키친타월로 닦아낸다.

5 달걀물을 고르게 붓는다.

 달걀물을 처음부터 너무 많이 넣으면 말기가 힘들다.

6 달걀이 반 정도 익으면 젓가락으로 끝에서부터 말아오고 다시 끝으로 밀어준다.

 달걀을 말 때 반드시 젓가락을 사용한다.

6에 또 달걀물을 붓고 달걀을 젓가락으로 살짝 들어 달걀물이 달걀 안으로 들어가게 한 후, 앞으로 말아온다. 이 동작을 서너 번 반복한 후 따뜻할 때 김발 위에 놓고 사각 모양으로 만들어준다.

강판에 무를 갈아 헹구어 짠 후 간장을 넣어 간장무즙을 만든다.

달걀말이를 요구사항에 맞게 썰어 깻잎 위에 8개를 담고, 간장무즙을 곁들여 완성한다.

김초밥
(まきずし 마끼스시)

★ 김초밥의 속 재료가 가운데로 오도록 말아서 썰어내야 한다.
★ 김초밥의 크기를 일정하게 해야 한다.

용어 이해

- 간표(かんぴょう) = 박고지
- 오보로(おぼろ) = 생선가루에 양념과 색을 들인 것

요구사항

주어진 재료를 사용하여 다음과 같이 김초밥을 만드시오.

1. 박고지, 달걀말이, 오이 등 김초밥 속 재료를 만드시오.
2. 초밥초를 만들어 밥에 간하여 식히시오.
3. 김초밥을 일정한 두께와 크기로 8등분하여 담으시오.
4. 간장을 곁들여 제출하시오.

재료

- 청차조기잎(시소, 깻잎으로 대체 가능) 1장
- 김(초밥김) 1장
- 밥(뜨거운 밥) 200g
- 달걀 2개
- 박고지 10g
- 오보로 10g
- 오이(가늘고 곧은 것, 20cm) 1/4개
- 통생강 30g
- 흰설탕 50g
- 소금(정제염) 20g
- 식초 70ml
- 식용유 10ml
- 진간장 20ml
- 맛술(미림) 10ml

양념장

- **초밥초(스시스)**
  식초 3큰술, 설탕 2큰술, 소금 1작은술
- **초생강 담금초**
  식초 2큰술, 설탕 1큰술, 소금 1/2작은술
- **박고지조림 양념**
  다시물(또는 물) 4큰술, 간장 1큰술, 설탕 1큰술, 미림 1작은술

빈출 조합

- 대합 맑은국 P.36
- 도미술찜 P.78

조리과정

1 초밥초(스시스)를 녹여 밥이 따뜻할 때 버무려 펼쳐 놓은 후, 젖은 면포를 덮어 놓는다.

주의 밥이 마르지 않게 젖은 면포를 덮어 놓는다.

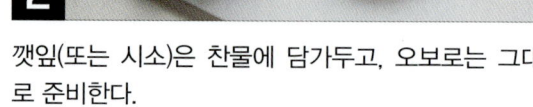

2 깻잎(또는 시소)은 찬물에 담가두고, 오보로는 그대로 준비한다.

3 통생강은 얇게 썰어 끓는 물에 데친 후 담금초에 넣어 초생강을 만든다.

4 박고지는 뜨거운 물에 담가 충분히 불려 씻은 후, 다시물(또는 물), 간장, 설탕, 미림을 넣고 조린다.

5 오이는 가시와 각진 모서리, 오이씨를 제거한 후 소금에 절였다가 물에 씻어 물기를 제거한다.

6 달걀 2개를 풀어 다시물(또는 물) 1.5큰술, 설탕 1/2작은술, 소금 1/4작은술을 넣고 섞은 후 체에 내려 사각팬에 말아낸다.

7 말아낸 달걀을 김발에 놓고 다시 한번 모양을 고르게 잡아준다.

8 김발에 김을 놓은 후 김의 끝을 1.5cm 정도 남기고 밥을 고르게 펴 놓는다.

9 밥 가운데에 오보로, 오이, 박고지, 달걀말이를 놓고 밥의 끝과 끝이 맞닿게 한 번에 말아준다.

10 양 끝의 밥을 안으로 밀어 넣어 정리한다.

11 김초밥을 똑같은 크기로 8등분하여 보기 좋게 담고, 깻잎, 초생강, 간장을 곁들여낸다.

에듀윌이 너를 지지할게

ENERGY

절대 어제를 후회하지 마라.
인생은 오늘의 나 안에 있고
내일은 스스로 만드는 것이다.

- L. 론 허바드(L. Ron Hubbard)

PART 03

시험시간 30분 이상

- 삼치소금구이 ······ 62
- 달걀찜 ······ 66
- 소고기 덮밥 ······ 70
- 도미조림 ······ 74
- 도미술찜 ······ 78
- 도미머리 맑은국 ······ 82
- 메밀국수(자루소바) ······ 86
- 우동볶음(야끼우동) ······ 90
- 생선초밥 ······ 93

삼치소금구이
(さわらのしおやき 사와라노시오야끼)

합격 Point

★ 삼치가 타지 않아야 한다.
★ 껍질에 칼집을 내어 삼치가 오그라들지 않게 주의한다.

용어 이해

- 사와라(さわら) = 삼치
- 시오야끼(しおやき) = 소금구이
- 고보(ごぼう) = 우엉
- 산마이오로시(さんまいおろし) = 세장뜨기, 생선을 양쪽 살과 뼈 부분의 셋으로 바르는 것

요구사항

주어진 재료를 사용하여 다음과 같이 삼치소금구이를 만드시오.

❶ 삼치는 세장뜨기한 후 소금을 뿌려 10~20분 후 씻고 쇠꼬챙이에 끼워 구워내시오.
❷ 채소는 각각 초담금 및 조림을 하시오.
❸ 구이 그릇에 삼치소금구이와 곁들임을 담아 완성하시오.
❹ 길이 10cm 크기로 2조각을 제출하시오.

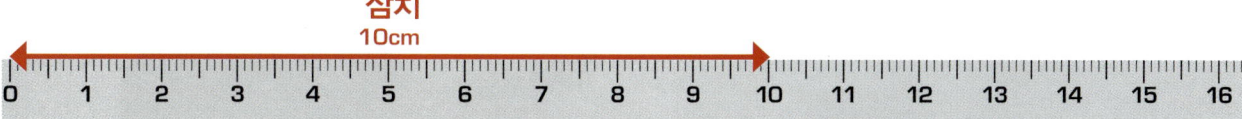

삼치 10cm

재료

- 쇠꼬챙이(30cm) 3개
- 삼치(400~450g) 1/2마리
- 우엉 60g
- 레몬 1/4개
- 깻잎 1장
- 무 50g
- 건다시마(5×10cm) 1장
- 소금(정제염) 30g
- 흰참깨(볶은 것) 2g
- 흰설탕 30g
- 식용유 10ml
- 식초 30ml
- 진간장 30ml
- 청주 15ml
- 맛술(미림) 10ml

양념장

- **우엉 조림장**
  간장 1큰술, 설탕 1큰술, 청주 1큰술, 미림 1작은술

- **무 초담금**
  물 2큰술, 설탕 1큰술, 식초 2큰술, 소금 1작은술

빈출 조합

- 문어초회 P.28
- 대합 맑은국 P.36
- 메밀국수(자루소바) P.86

조리과정

1 물 1컵에 다시마를 넣고 끓여 다시물을 준비한다.

2 삼치는 머리와 내장 부분을 손질하여 세장뜨기를 하고 뼈를 발라낸 후, 껍질에 칼집을 내고 소금을 뿌려 10~20분 정도 재워 놓는다.

 껍질에 칼집을 내어야 간이 잘 배고, 삼치가 오그라드는 것을 방지할 수 있다.

3 깻잎은 찬물에 담가 놓고, 우엉은 칼등으로 껍질을 벗긴 후 6cm 길이의 나무젓가락 굵기로 썰어 찬물에 담가둔다.

4 물에 담가둔 우엉은 물기를 제거하고 기름을 두른 팬에 윤기 나게 볶는다.

5 우엉을 다시물 1/2컵과 조림장에 갈색이 나도록 조린 후 흰참깨를 바른다.

6 무는 사방 3cm 정도의 주사위 모양으로 자른 후 윗면에 가로, 세로로 칼집을 깊이 넣어 소금에 절인 다음 초담금한다.

7 레몬 껍질의 일부분은 얇게 벗겨 다져 놓았다가 초담 금한 무 위에 뿌려 무 국화꽃을 만든다.

8 소금에 절인 삼치를 씻은 후 3개의 꼬챙이에 끼워 껍 질 쪽부터 굽는다.

 겉면이 타지 않게 주의하고, 반드시 꼬챙이 를 사용한다.

9 완성 접시에 물기를 제거한 깻잎을 깔고 구운 삼치 2 조각을 올린 후, 무와 레몬, 흰참깨를 바른 우엉을 곁 들여낸다.

달걀찜
(ちゃわんむし 자완무시)

★ 달걀찜의 평면이 부풀어 오르지 않아야 한다.

용어 이해

- 자완무시(ちゃわんむし) = 달걀찜
- 무시모노(むしもの) = 찜 요리
- 자완(ちゃわん) = 찻종, 밥공기
- 에비(えび) = 새우

요구사항

주어진 재료를 사용하여 다음과 같이 달걀찜을 만드시오.

❶ 은행은 삶고, 밤은 구워서 사용하시오.
❷ 간장으로 밑간한 닭고기와 나머지 재료는 1cm 크기로 썰어 데쳐서 사용하시오.
❸ 가다랑어포로 다시(국물)를 만들어 식혀서 달걀과 섞으시오.
❹ 레몬 껍질과 쑥갓을 올려 마무리하시오.

재료

- 가다랑어포(가쓰오부시) 10g
- 달걀 1개
- 새우(약 6~7cm) 1마리
- 닭고기살 20g
- 은행(겉껍질 깐 것) 2개
- 흰생선살 20g
- 어묵(판어묵) 15g
- 생표고버섯(10g) 1/2개
- 밤 1/2개
- 쑥갓 10g
- 레몬 1/4개
- 죽순 10g
- 건다시마(5×10cm) 1장
- 소금(정제염) 5g
- 진간장 10ml
- 청주 10ml
- 맛술(미림) 10ml
- 이쑤시개 1개

빈출 조합

- 갑오징어 명란무침 P.16
- 참치 김초밥 P.24

조리과정

1 물 1컵에 다시마를 넣고 끓으면 불을 끄고 다시마를 건져낸 후 가다랑어포를 넣는다. 5~10분 정도가 지나면 국물을 고운체에 걸러 가쓰오 다시물을 만들어 식힌다.

2 닭고기살은 간장에 재웠다가 데치고, 흰생선살은 소금으로 밑간을 하였다가 데쳐낸다. 새우는 이쑤시개로 내장을 제거한 후 데쳐내고 껍질을 벗긴다.

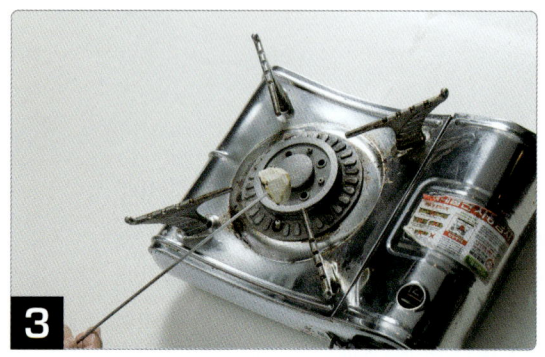

3 밤은 껍질을 벗겨 쇠꼬챙이에 끼워서 굽는다.

4 죽순, 어묵(판어묵), 표고버섯은 각각 사방 1cm 정도의 크기로 잘라 데치고, 은행은 살짝 데쳐 속껍질을 벗긴다.

5 쑥갓잎은 찬물에 담가두고, 레몬 껍질은 얇게 떠서 오리발 모양으로 만든다.

6 데쳐낸 닭고기살, 흰생선살, 새우와 구운 밤은 1cm 정도 크기로 썰어 **4**와 함께 찜 그릇에 담아 놓는다.

7 달걀 1개, 가쓰오 다시물 130ml, 청주 1작은술, 미림 1작은술, 소금 약간을 섞어 고운체에 내리고 거품을 제거한다.

주의 거품이 있으면 그대로 표면에 나타나 달걀찜의 표면이 매끈하지 않게 된다.

8 **7**을 **6**에 부은 후 12분 정도 중탕한다.

주의 익힐 때 뚜껑이 없으면 호일이나 랩을 씌워 중탕한다.

9 달걀이 익으면 쑥갓잎과 레몬 오리발을 얹은 후 호일 뚜껑을 다시 덮는다.

10 20초 정도 더 익혀 완성한다.

소고기 덮밥
(ぎゅうにくのどんぶり 규니쿠노돈부리)

 합격 Point

★ 모든 재료가 보이게 해야 한다.
★ 달걀은 완전히 익히지 않으며, 국물이 밥 밑에 자작하게 있어야 한다.
★ 두 가지 과제 중 나중에 완성한다(먼저 해 놓으면 국물이 밥에 스며들어 보이지 않는다).

용어 이해

- 돈부리(どんぶり) = 덮밥
- 하리노리(はりのり) = 바늘처럼 가늘게 채 썬 김
- 노리(のり) = 김

요구사항

주어진 재료를 사용하여 다음과 같이 소고기 덮밥을 만드시오.

❶ 덮밥용 양념간장(돈부리 다시)을 만들어 사용하시오.
❷ 고기, 채소, 달걀은 재료 특성에 맞게 조리하여 준비한 밥 위에 올려 놓으시오.
❸ 김을 구워 칼로 잘게 썰어(하리노리) 사용하시오.

재료

- 가다랑어포(가쓰오부시) 10g
- 소고기(등심) 60g
- 밥(뜨거운 밥) 120g
- 양파(중, 150g) 1/3개
- 실파(1뿌리) 20g
- 팽이버섯 10g
- 달걀 1개
- 김 1/4장
- 건다시마(5×10cm) 1장
- 흰설탕 10g
- 소금(정제염) 2g
- 진간장 15ml
- 맛술(미림) 15ml

양념장

- **덮밥용 양념간장(돈부리 다시)**
  가쓰오 다시물 100ml, 미림 1큰술, 간장 1/2큰술, 설탕 1작은술, 소금 1/4작은술

빈출 조합

- 소고기 간장구이 P.20
- 된장국 P.39
- 도미술찜 P.78
- 해삼초회 P.32
- 도미조림 P.74

조리과정

1 물 1컵에 다시마를 넣고 끓으면 불을 끄고 다시마를 건져낸 후 가다랑어포를 넣는다. 5~10분 정도 지나면 국물을 고운체에 걸러 가쓰오 다시물을 만든다.

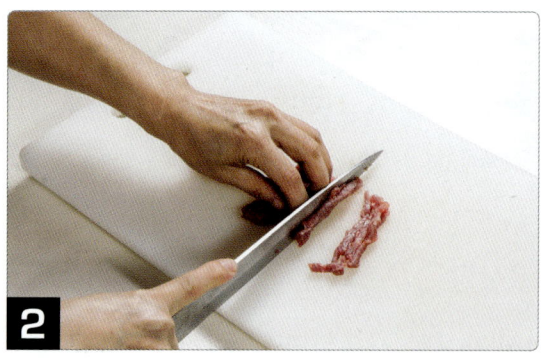

2 소고기는 핏물을 제거하여 0.5cm의 편으로 썬 후, 6cm 정도 길이로 채 썰어준다.

3 양파, 팽이버섯, 실파는 5cm 정도 길이로 썰어둔다.

4 김은 살짝 구워 4cm 정도의 길이로 바늘처럼 가늘게 썰어 준비해 놓는다.

> 주의 도마가 젖어 있으면 김이 눅눅해져 잘 썰리지 않는다.

5 달걀은 약간의 소금을 넣어 풀어 놓고, 밥은 돈부리 그릇에 준비해 놓는다.

> 주의 밥이 마를 수 있으므로 젖은 면포로 덮어둔다.

6 작고 낮은 팬에 돈부리 다시를 넣고 채 썬 고기를 펼치듯 넣어준다.

7 **6**이 반쯤 익으면 먼저 양파를 펼치듯 넣어주고 실파와 팽이버섯도 펼쳐 넣어준다.

주의 절대 휘젓지 않는다.

8 **7** 위에 달걀물을 펼치듯 끼얹어주고 반쯤 익으면 불을 끈다.

주의 달걀이 반숙 상태여야 한다.

9 밥 위에 **8**을 그대로 얹어주고 채 썬 김을 올려 완성한다.

도미조림
(たいのにもの 다이노니모노)

합격 Point

★ 도미를 조릴 때 호일 뚜껑을 사용하여 도미의 윗면까지 익도록 한다.
★ 도미살이 부서지거나 타지 않게 한다.
★ 조린 도미에 얹을 국물이 남아 있어야 한다.

용어 이해

- 다이(たい) = 도미
- 니모노(にもの) = 양념장에 식재료를 조려서 만든 요리

요구사항

주어진 재료를 사용하여 다음과 같이 도미조림을 만드시오.

❶ 손질한 도미를 5~6cm로 자르고 머리는 반으로 갈라 소금을 뿌리시오.
❷ 머리와 꼬리는 데친 후 불순물을 제거하시오.
❸ 도미를 냄비에 앉혀 양념하고 오토시부타(냄비 안에 들어가는 뚜껑이나 호일)를 덮으시오.
❹ 완성 후 접시에 담고 생강채(하리쇼가)와 채소를 앞쪽에 담아내시오.

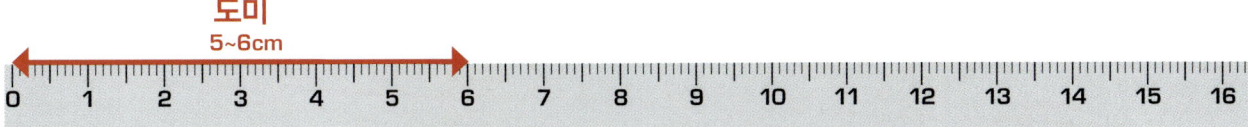

재료

- 도미(200~250g) 1마리
- 꽈리고추(2개) 30g
- 우엉 40g
- 건다시마(5×10cm) 1장
- 통생강 30g
- 흰설탕 60g
- 소금(정제염) 5g
- 청주 50ml
- 진간장 90ml
- 맛술(미림) 50ml

양념장

- **조림 양념장**

  다시물 1/2컵, 청주 3큰술, 미림 3큰술, 설탕 3큰술, 간장 4큰술

빈출 조합

- 문어초회 P.28
- 소고기 덮밥 P.70
- 된장국 P.39
- 도미머리 맑은국 P.82

조리과정

1 물 1~2컵에 다시마를 넣고 끓여 다시물을 준비한다.

2 도미는 비늘을 제거하고 지느러미를 자른 후 아가미를 벌려 아가미와 내장은 모두 칼로 떼어주고 물로 씻는다.
＊자세한 손질법은 P.12 참고

3 도미머리를 자르고 입 쪽에 칼을 넣어 반으로 가른 후, 따뜻한 물을 끼얹어 다시 한번 숟가락으로 비늘을 긁어낸다.

 주의 너무 뜨거운 물을 끼얹으면 도미머리가 익게 되므로 주의한다.

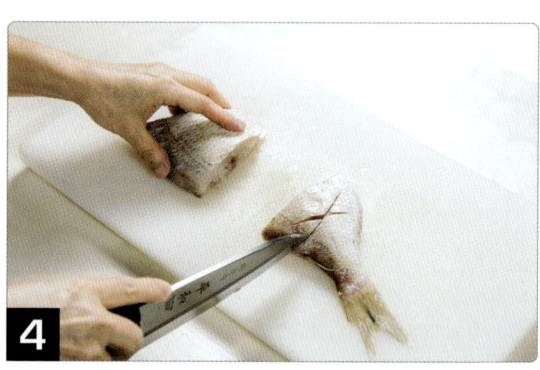

4 몸통은 5~6cm로 토막을 내고 몸통이나 꼬리 부분의 살 위로 X자로 칼집을 넣어준 후, 손질한 도미에 소금을 뿌려 놓았다가 모두 데쳐내 불순물을 제거한다.

5 우엉은 칼등으로 껍질을 벗겨 길이 6cm 정도의 젓가락 굵기로 썰어 물에 담가 놓고 꽈리고추는 꼭지를 떼어 놓는다. 생강은 바늘처럼 가늘게 채 썰어 물에 담가 놓는다.

 주의 꽈리고추의 길이가 7cm 이상일 경우에는 2토막을 낸다.

6 냄비에 우엉을 넣고 도미를 그 위에 놓은 후, 다시물 1/2컵, 청주 3큰술, 미림 3큰술, 설탕 3큰술을 넣고 냄비 안쪽까지 호일로 덮어 익힌다.

주의 간장은 나중에 넣어야 도미의 색이 혼탁해지지 않는다.

7 국물이 1/2 이상 졸아들었으면 간장 4큰술을 넣고 조린다. 조리는 중간에 꽈리고추를 넣고 생선살이 손상되지 않게 숟가락으로 국물을 끼얹어 윤기나게 조린다.

8 조림 국물이 4~5큰술 정도 남았으면 불을 끄고 완성 접시에 몸통은 뒤쪽에, 머리와 꼬리는 앞쪽에 놓고 우엉과 꽈리고추를 앞쪽 양옆에 세운다. 생강채도 물기를 짜서 세우듯이 장식하고 남은 국물을 끼얹어 완성한다.

도미술찜
(たいのさかむし 다이노사카무시)

합격 Point

★ 도미 손질에 유의하여 가시나 비늘이 없도록 한다.
★ 반드시 양념초와 양념을 같이 제출한다.
★ 재료의 모양이 흐트러지거나 부서지지 않게 쪄내야 한다.

요구사항

주어진 재료를 사용하여 다음과 같이 도미술찜을 만드시오.

① 머리는 반으로 자르고, 몸통은 세장뜨기 하시오.
② 손질한 도미살을 5~6cm로 자르고 소금을 뿌려, 머리와 꼬리는 데친 후 불순물을 제거하시오.
③ 청주를 섞은 다시(국물)에 쪄내시오.
④ 당근은 매화꽃, 무는 은행잎 모양으로 만들어 익혀내시오.
⑤ 초간장(폰즈)과 양념(야꾸미)을 만들어 내시오.

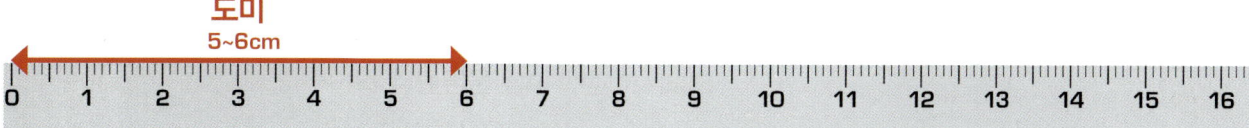

재료

- 도미(200~250g) 1마리
- 판두부 50g
- 생표고버섯(20g) 1개
- 죽순 20g
- 배추 50g
- 당근(둥근 모양으로 잘라서 지급) 60g
- 무 50g
- 쑥갓 20g

- 레몬 1/4개
- 건다시마(5×10cm) 1장
- 실파(1뿌리) 20g
- 진간장 30ml
- 식초 30ml
- 고춧가루(고운 것) 2g
- 청주 30ml
- 소금(정제염) 5g

양념장

- **초간장(폰즈)**
  다시물 1큰술, 식초 1큰술, 간장 1큰술
- **술찜소스(술찜에 끼얹는 술)**
  다시물 2큰술, 청주 3큰술, 소금 1/3작은술

- **양념(야꾸미)**
  고춧가루 물들인 무즙, 실파, 레몬

빈출 조합

- 참치 김초밥 P.24
- 소고기 덮밥 P.70
- 김초밥 P.54
- 도미머리 맑은국 P.82

조리과정

1. 물 1컵에 다시마를 넣고 끓여 다시물을 준비한다.

2. 도미의 비늘, 지느러미를 제거하고 아가미를 벌려 아가미와 내장을 한 번에 제거한다.
   *자세한 손질법은 P.12 참고

3. 도미머리를 자르고 입 쪽에 칼을 넣어 반으로 가른 후, 따뜻한 물을 끼얹어 다시 한번 숟가락으로 비늘을 긁어낸다.

4. 몸통은 세장뜨기를 한 후 도미살을 5~6cm로 토막내고 소금을 뿌려 놓았다가 모두 데쳐 불순물을 제거한다.

5. 쑥갓잎은 찬물에 담가둔다.

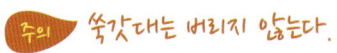

쑥갓대는 버리지 않는다.

6. 무의 일부분은 강판에 갈아서 물에 헹궈 짠 후 고운 고춧가루로 색을 내고, 실파는 0.5cm 크기로 썰어 헹군 후 면포에 짜준다. 레몬도 반달 모양으로 썰어서 그릇에 담아 양념(야꾸미)을 준비해 놓는다.

7

나머지 무는 은행잎 모양으로, 당근은 매화꽃 모양으로, 표고버섯은 윗면을 별 모양으로 깎아 데친다.
　　　　　　　　　　*자세한 손질법은 P.10, P.11 참고

 술찜 그릇을 준비하여 완성된 재료를 모리하면서 손질한다.

8

두부는 2cm × 1cm × 4cm 정도로 썰고, 죽순은 부챗살로 썰어 데친다.

9

배추와 쑥갓대를 데쳐내고, 데친 배춧잎을 김발 위에 놓은 후 가운데에 쑥갓대를 넣고 말아 어슷 썬다.

10

모리한 술찜 그릇에 도미를 앞쪽에 놓고 술찜소스를 뿌린다. 호일 뚜껑을 덮어 찜통이나 냄비에 중탕하여 10~15분 정도 쪄낸 후 쑥갓잎을 올리고, 30초 정도 지나면 불을 끈다.

11

초간장(폰즈)을 만들어 양념(야꾸미)과 함께 도미술찜에 곁들여낸다.

도미머리 맑은국
(たいのすいもの 다이노스이모노)

 합격 Point

★ 도미의 머리만 사용하고 몸통은 사용하지 않는다.
★ 도미머리의 불순물을 깨끗이 제거하여 비린내를 없애고, 맑은 국물을 내야 한다.

용어 이해

- 스이모노(すいもの) = 맑은국
- 시라가(しらが) = 백발
- 네기(ねぎ) = 파
- 시라가네기 = 대파의 흰 부분만 머리카락처럼 가늘게 채 썬 것

요구사항

주어진 재료를 사용하여 다음과 같이 도미머리 맑은국을 만드시오.

❶ 도미머리 부분을 반으로 갈라 50~60g 크기로 사용하시오(단, 도미는 머리만 사용하여야 하고, 도미 몸통(살)을 사용할 경우 실격 처리).
❷ 소금을 뿌려 놓았다가 끓는 물에 데쳐 손질하시오.
❸ 다시마와 도미머리를 넣어 은근하게 국물을 만들어 간하시오.
❹ 대파의 흰 부분은 가늘게 채(시라가네기) 썰어 사용하시오.
❺ 간을 하여 각 곁들일 재료를 넣어 국물을 부어 완성하시오.

재료

- 도미(200~250g, 도미 과제 중복 시 두 가지 과제에 도미 1마리 지급) 1마리
- 대파(흰 부분, 10cm) 1토막
- 죽순 30g
- 국간장(진간장 대체 가능) 5ml
- 레몬 1/4개
- 건다시마(5×10cm) 1장
- 소금(정제염) 20g
- 청주 5ml

빈출 조합

- 갑오징어 명란무침 P.16
- 도미조림 P.74
- 도미술찜 P.78

조리과정

1 도미의 비늘, 지느러미를 제거하고 아가미를 벌려 아가미와 내장을 한 번에 제거한 후, 물로 씻고 도미머리를 자른다.
*자세한 손질법은 P.12 참고

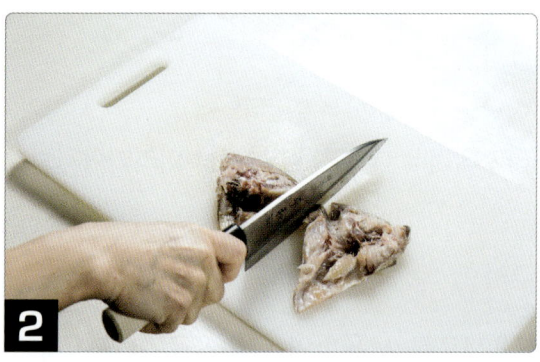

2 도미머리의 입 쪽에 칼을 넣어 반을 가른 후 면포를 덮어 따뜻한 물을 끼얹는다. 숟가락으로 다시 한번 비늘을 긁어낸 후, 소금을 뿌려 데쳤다가 깨끗이 씻어준다.

 머리 안쪽이 깨끗해야 하며, 머리 쪽 비늘을 반드시 긁어낸다.

3 죽순을 길이 5cm, 폭 2cm 정도에 두께 0.2cm 정도로 잘라 데친다.

4 대파는 흰 부분만 길이 3~4cm로 바늘처럼 가늘게 채 썰어 찬물에 담근다.

5 레몬은 껍질 부분을 얇게 떠서 오리발 모양을 만든다.

6 냄비에 물 2~3컵, 도미머리, 죽순, 다시마, 청주 1작은술을 넣고 끓인 후 다시마를 건져내고, 약간의 소금과 간장으로 간을 한다.

7 도미머리가 익으면 완성 그릇에 담아 레몬 오리발과 죽순을 올려놓고, 국물은 면포나 고운체에 거른다.

 도미머리가 손상되지 않도록 주의한다.

8 국물을 8부 정도 붓는다.

9 대파채를 얹어 완성한다.

메밀국수
(ざるそば 자루소바)

합격 Point

★ 생면일 때와 건면일 때를 구분하여 면이 잘 익도록 충분히 삶아야 한다.
★ 면이 붇지 않게 하고, 사리 2개를 만들어 가지런히 김발에 올린다.

용어 이해

- 자루(ざる) = 소쿠리
- 소바키리(そばきり) = 메밀국수
- 자루소바(ざるそば) = 대발에 담은 메밀국수
- 하리노리(はりぎり) = 바늘처럼 가늘고 길게 써는 방법

요구사항

주어진 재료를 사용하여 다음과 같이 메밀국수(자루소바)를 만드시오.

1. 소바다시를 만들어 얼음으로 차게 식히시오.
2. 메밀국수는 삶아 얼음으로 차게 식혀서 사용하시오.
3. 메밀국수는 접시에 김발을 펴서 그 위에 올려내시오.
4. 김은 가늘게 채 썰어(하리노리) 메밀국수에 얹어내시오.
5. 메밀국수, 양념(야꾸미), 소바다시를 각각 따로 담아내시오.

재료

- 메밀국수(생면, 건면 100g 대체 가능) 150g
- 고추냉이(와사비분) 10g
- 가다랑어포(가쓰오부시) 10g
- 무 60g
- 실파(2뿌리) 40g
- 김 1/2장
- 건다시마(5×10cm) 1장
- 각얼음 200g
- 흰설탕 25g
- 진간장 50ml
- 청주 15ml
- 맛술(미림) 10ml

양념장

- **소바다시**

가쓰오 다시물 1컵, 간장 2큰술, 설탕 1.5큰술, 청주 1큰술, 미림 1/2큰술

빈출 조합

- 해삼초회 P.32
- 삼치소금구이 P.62
- 전복버터구이 P.46

조리과정

1 물 2컵에 다시마를 넣고 끓으면 불을 끄고 다시마를 건져낸 후 가다랑어포를 넣는다. 5~10분 정도 지나면 국물을 고운체에 걸러 가쓰오 다시물을 만든다.

2 냄비에 가쓰오 다시물, 간장, 설탕, 청주, 미림을 넣고 끓여 소바다시를 만든다.

3 **2**를 얼음을 넣은 볼에 넣어 차게 식혀 소바다시를 준비해 놓는다.

4 무는 강판에 간 후 물에 헹구어 살살 짜준다.

5 실파도 0.5cm로 썰어 물에 헹군 후 면포에 짜준다.

6 와사비분은 찬물에 개어 그릇에 **3**, **4**와 함께 담아 야꾸미를 준비한다.

7. 냄비에 물을 넣고 끓여 메밀국수를 삶는다.

 끓어올랐을 때 찬물을 끼얹어가며 삶아야 면발이 쫄깃해진다.

8. 삶은 메밀국수는 찬물에 헹군 후 얼음물에 담갔다가 사리 2개를 만들어 접시 위에 놓인 김발에 담는다.

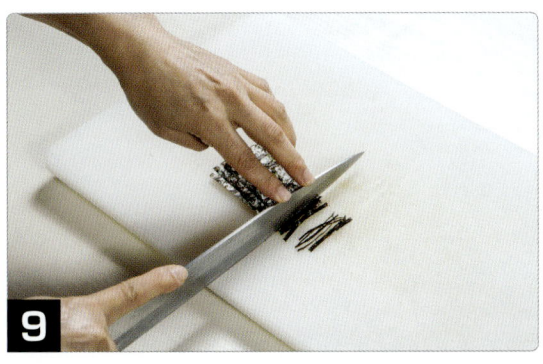

9. 김은 구워서 바늘처럼 가늘게 5cm 정도 길이로 썰어 메밀국수 위에 올린다.

10. 메밀국수와 소바다시, 야꾸미를 각각 따로 담아 완성한다.

우동볶음
(やきうどん 야끼우동)

합격 Point

★ 모든 재료의 크기를 비슷하게 썰어 잘 어우러지게 볶아내야 한다.
★ 가다랑어포는 제출 직전에 올려 완성한다.

용어 이해

- 모야시(もやし) = 숙주

요구사항

주어진 재료를 사용하여 다음과 같이 우동볶음(야끼우동)을 만드시오.

① 새우는 껍질과 내장을 제거하고 사용하시오.
② 오징어는 솔방울 무늬로 칼집을 넣어 1cm × 4cm 크기로 썰어서 데쳐 사용하시오.
③ 우동은 데쳐서 사용하고, 숙주를 제외한 나머지 채소는 4cm 길이로 썰어 사용하시오.
④ 가다랑어포(하나가쓰오)를 고명으로 얹으시오.

오징어, 채소(숙주 제외) ← 4cm →

재료

- 작은 새우(껍질 있는 것) 3마리
- 갑오징어 몸살(물오징어 대체 가능) 50g
- 가다랑어포(하나가쓰오, 고명용) 10g
- 우동 150g
- 양파(중, 150g) 1/8개
- 숙주 80g
- 생표고버섯 1개
- 당근 50g
- 청피망(중, 75g) 1/2개
- 소금 5g
- 청주 30ml
- 진간장 15ml
- 맛술(미림) 15ml
- 식용유 15ml
- 참기름 5ml

양념장

- **우동볶음 양념**
  청주 2큰술, 간장 1큰술, 미림 1큰술, 소금 1/3작은술, 참기름 1작은술

빈출 조합

- 대합 맑은국 P.36
- 달걀말이 P.50

조리과정

1 당근, 피망, 양파는 1cm × 4cm 정도의 크기로 썰고, 숙주는 꼬리와 머리를 다듬어 씻어 놓는다. 표고버섯도 1cm × 4cm로 썰어 데쳐준다.

> **주의** 채소는 오징어와 비슷한 크기로 썬다.

2 새우는 내장을 제거하고 데친 후 껍질을 벗긴다. 오징어는 껍질을 벗긴 후 안쪽에 솔방울 무늬로 칼집을 넣고 1cm × 4cm로 썰어 데친다.

3 우동은 끓는 물에 데쳐 풀어지면 체에 밭쳐 놓는다.

> **주의** 면발이 끊어질 수 있으므로 우동을 젓지 않는다.

4 팬을 달군 후 기름 1큰술을 두르고 양파, 당근, 표고버섯을 넣어 볶으면서 청주 2큰술, 간장 1큰술, 미림 1큰술을 넣는다.

5 **4**에 데친 오징어와 새우, 피망, 숙주를 넣어 볶다가 마지막에 우동을 넣고 볶으면서 소금 1/3작은술로 간을 하고 참기름 1작은술을 넣어 향을 낸다.

6 **5**를 완성 접시에 담고 가다랑어포를 위에 올려 완성한다.

생선초밥
(にぎりずし 니기리스시)

★ 밥알이 으깨지지 않아야 한다.
★ 반드시 손으로 하나씩 쥐어서 초밥을 만든다.
★ 6가지 생선류를 전부 사용하여 8개를 만들어야 한다.

용어 이해

- 니기리스시(にぎりずし) = 손으로 쥐어 만든 초밥

요구사항

주어진 재료를 사용하여 다음과 같이 생선초밥을 만드시오.

❶ 각 생선류와 채소를 초밥용으로 손질하시오.
❷ 초밥초(스시스)를 만들어 밥에 간하여 식히시오.
❸ 곁들일 초생강을 만드시오.
❹ 쥔초밥(니기리스시)을 만드시오.
❺ 생선초밥은 6종류, 8개를 만들어 제출하시오.
❻ 간장을 곁들여 내시오.

재료

- 붉은색 참치살(아까미) 30g
- 광어살(3×8cm 이상, 껍질 있는 것) 50g
- 새우(30~40g) 1마리
- 학꽁치(꽁치, 전어 대체 가능) 1/2마리
- 도미살 30g
- 문어(삶은 것) 50g
- 밥(뜨거운 밥) 200g
- 청차조기잎(시소, 깻잎으로 대체 가능) 1장
- 통생강 30g
- 고추냉이(와사비분) 20g
- 흰설탕 50g
- 소금(정제염) 20g
- 식초 70ml
- 진간장 20ml
- 대꼬챙이(10~15cm) 1개

양념장

- **초밥초(스시스)**
  식초 3큰술, 설탕 2큰술, 소금 1작은술
- **초생강 담금초**
  식초 2큰술, 설탕 1큰술, 소금 1/2작은술

빈출 조합

- 소고기 간장구이 P.20

조리과정

1 초밥초(스시스)를 만들어 밥이 뜨거울 때 넣어 버무린 후 그릇에 펼쳐 놓고 젖은 면포를 덮어둔다.

주의 밥알이 으깨지지 않도록 주의한다.

2 깻잎(또는 시소)은 찬물에 담가 놓고, 와사비는 찬물에 개어 놓는다.

3 통생강은 종이처럼 얇게 썰어 끓는 물에 데친 후, 담금초에 넣어 초생강을 만든다.

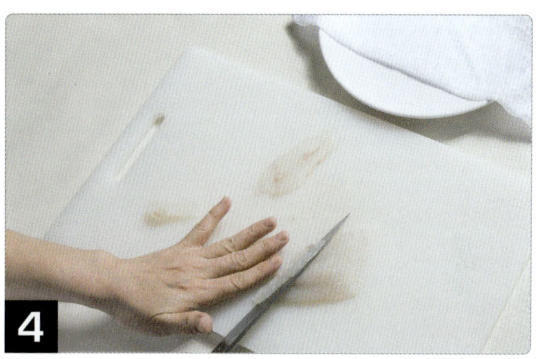

4 광어는 껍질을 벗겨 초밥용으로 떠서 준비한다.

5 참치는 5% 정도의 소금물에 담갔다가 건져 면포에 감싸 놓은 후, 초밥용 횟감으로 2장을 썰어 놓는다.

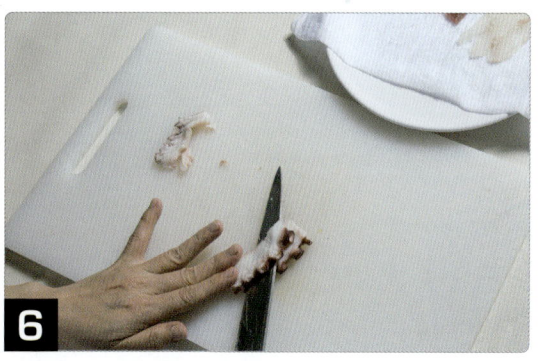

6 문어는 물 1컵을 넣고 끓여 소금, 식초, 간장을 넣고 살짝 삶아낸 후 껍질을 벗기고 초밥용 물결무늬로 2장을 썰어 놓는다.

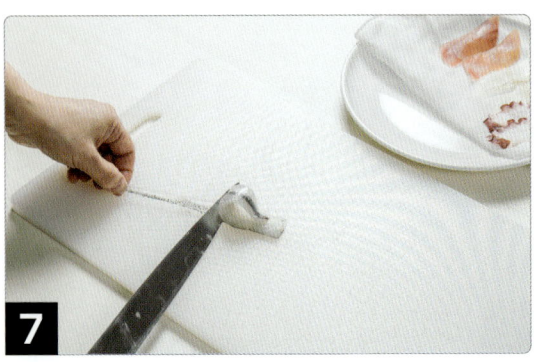
7. 꽁치(또는 학꽁치, 전어)는 내장을 제거하고 가시를 제거한 후 등 쪽의 얇은 껍질을 벗기고 잔칼집을 내어 초밥용 생선으로 만들어 놓는다.

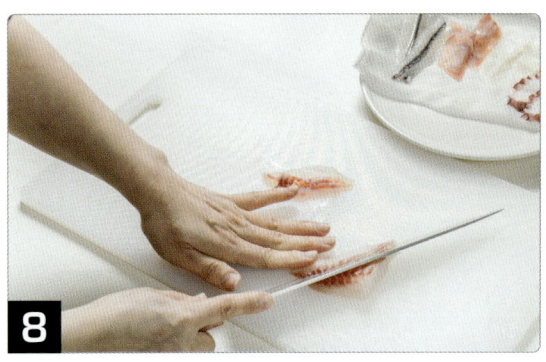
8. 도미살도 초밥용으로 떠서 면포에 놓는다.

9. 새우는 머리를 제거하고 꼬치를 이용해 내장을 제거한 후, 배 쪽에 꼬치를 넣어 소금 넣은 물에 삶는다.

주의 새우에 꼬치를 끼워 삶아야 휘어지지 않는다.

10. 새우가 익으면 식힌 후에 껍질을 벗기고, 꼬리에서부터 칼집을 넣어 펴서 초밥용으로 다듬어 놓는다.

주의 몸통 끝부분이 갈라지지 않도록 칼집을 넣는다.

11. 물에 식초를 넣어 손에 묻힌 후, 오른손으로 초밥을 쥐고 검지로 와사비를 찍는다. 왼손으로는 초밥용 생선을 잡고 손가락 마디에 놓는다.

12. 오른손 검지에 있는 와사비를 초밥용 생선에 바른다.

주의 초밥 위에 와사비를 바르고 생선을 얹지 않는다.

13 오른손에 있는 초밥을 얹는다.

14 모양을 잡는다.

15 왼손의 초밥을 완성 접시에 놓는다.

16 초밥 8개를 모두 접시에 고르게 담고 나면 오른쪽 앞쪽에 깻잎을 깔고 초생강을 얹어 완성하고, 간장을 곁들여낸다.

 생선초밥의 색이 조화롭게 담는다.

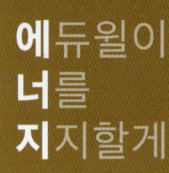

작은 문제를 해결해 나가면
큰 문제는 저절로 해결될 것이다.

– 디어도어 루빈

특별제공

과년도 폐지 과제

- 튀김두부 · 102
- 대합술찜 · 105
- 소고기 양념튀김 · · · · · · · · · · · · · · · 109
- 도미냄비 · 112
- 생선모둠회 · 116
- 모둠튀김 · 120
- 전골냄비(스끼야끼) · · · · · · · · · · · · 124
- 꼬치냄비 · 128
- 모둠냄비 · 132

튀김두부
(あげだしとうふ 아게다시도후)

★ 연두부가 깨지지 않게 주의한다.
★ 연두부는 튀기기 직전에 녹말가루를 묻힌다.

용어 이해

- 하리노리(はりのり) = 김을 구워 바늘처럼 가늘게 채 썬 것
- 덴모리(てんもり) = 요리 위에 색과 의미가 있는 재료를 얹는 것
- 도후(とうふ) = 두부
- 뎀뿐(でんぷん) = 전분(녹말)

요구사항

주어진 재료를 사용하여 다음과 같이 튀김두부를 만드시오.

1. 가다랑어 국물(가쓰오다시)을 뽑아서 튀김다시(덴다시)를 만드시오.
2. 연두부의 물기를 제거하고 4cm × 5cm × 4cm 정도로 썰어 튀기시오.
3. 무즙(오로시), 실파, 채 썬 김(하리노리)으로 양념(야꾸미)을 만드시오.
4. 튀김두부 3개를 그릇에 담고, 튀김다시(덴다시)에 무즙을 풀어 위에 끼얹으시오.
5. 고명(덴모리)으로 썬 실파와 채 썬 김을 올려 제출하시오.

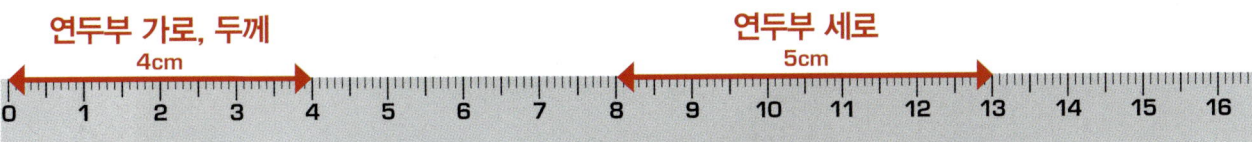

재료

- 연두부(300g 정도) 1모
- 녹말가루(감자 전분) 100g
- 가다랑어포(가쓰오부시) 10g
- 실파(1뿌리) 20g
- 김 1/4장
- 무 100g
- 건다시마(5×10cm) 1장
- 진간장 50ml
- 맛술(미림) 50ml
- 식용유 500ml

양념장

- **튀김다시(덴다시)**
  가쓰오 다시물 4큰술, 간장 1큰술, 미림 1큰술

조리과정

1 물 1컵에 다시마를 넣고 끓으면 불을 끄고 다시마를 건져낸 후 가다랑어포를 넣는다. 5~10분 정도 지나면 국물을 고운체에 걸러 가쓰오 다시물을 만든다.

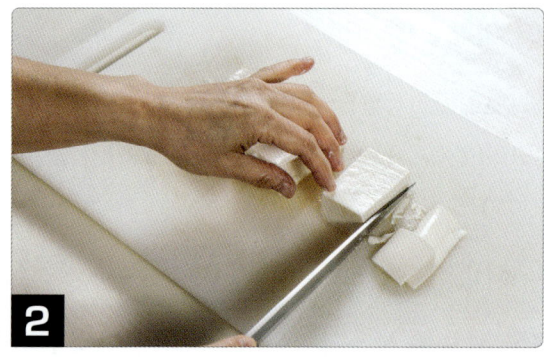

2 연두부는 깨지지 않게 엎어서 꺼내어 4cm × 5cm × 4cm로 반듯하게 썬 후 면포 위에 받쳐 물기를 제거한다.

> 주의 연두부와 녹말이 밀착되면서 연두부가 잘 깨지므로, 연두부를 녹말가루 위에 놓거나 미리 묻혀 놓지 않는다.

3 물기를 제거한 연두부에 녹말가루를 고루 묻혀 160~170℃ 기름에 튀긴다.

4 실파는 0.5cm 크기로 썰어 물에 헹군 후 면포에 짜 놓고, 김은 살짝 구워 4cm 길이로 바늘처럼 가늘게 채 썬다.

5 냄비에 가쓰오 다시물 4큰술, 간장 1큰술, 미림 1큰술을 넣고 살짝 끓여 덴다시를 만들어 놓고, 식으면 무즙을 넣어 섞어준다.

6 완성 접시에 튀긴 연두부 3개를 놓고 무즙을 푼 덴다시를 끼얹은 후, 실파와 김을 얹어낸다.

대합술찜
(はまぐりのさかむし 하마구리노사카무시)

합격 Point

★ 백합조개의 밑 쪽 눈을 따내어 익으면서 입이 벌어지지 않게 해야 한다.
★ 백합조개가 익으면 입을 벌리고 쑥갓을 곁들여 완성해야 한다.
★ 양념초와 양념(야꾸미)을 함께 제출해야 한다.

용어 이해

- 사카무시(さかむし) = 술찜
- 니하이즈(にはいず) = 양념초, 초간장
- 시타케(しいたけ) = 표고버섯
- 닌징(にんじん) = 당근
- 하쿠사이(はくさい) = 배추
- 다케노코(たけのこ) = 죽순

요구사항

주어진 재료를 사용하여 다음과 같이 대합술찜을 만드시오.

❶ 조개의 밑 눈을 제거하시오.
❷ 청주를 섞은 다시(국물)에 쪄내시오.
❸ 당근은 매화꽃, 무는 은행잎 모양으로 만들어 익혀내시오.
❹ 초간장(폰즈)과 양념(야꾸미)을 만들어 내시오.

재료

- 백합조개(개당 40g 정도, 5cm 내외) 2개
- 생표고버섯(20g) 1개
- 판두부 50g
- 당근(둥근 모양으로 잘라서 지급) 60g
- 배추 50g
- 무 70g
- 대파(흰 부분, 10cm 정도) 1토막
- 죽순 20g
- 쑥갓 20g
- 레몬 1/4개
- 건다시마(5×10cm) 1장
- 실파(1뿌리) 20g
- 고춧가루(고운 것) 2g
- 소금(정제염) 5g
- 청주 50ml
- 진간장 30ml
- 식초 30ml

양념장

- **양념초(니하이즈)**

  다시물 1큰술, 식초 1큰술, 간장 1큰술

- **양념(야꾸미)**

  고춧가루 물들인 무즙, 실파, 레몬

- **술찜소스(술찜에 끼얹는 술)**

  다시물 2큰술, 청주 3큰술, 소금 1/4작은술

조리과정

1 물 1컵에 다시마를 넣고 끓여 다시물을 준비한다.

2 백합조개 2개를 마주 대고 두들겨보고 맑은 소리가 나면 소금물에 해감한 후 눈을 떼낸다.

 눈을 떼내야 입이 벌어지지 않아 이물질이 나오지 않는다.

3 쑥갓잎은 찬물에 담그고 대파는 5cm 정도로 어슷 썬다. 두부는 두께 1.5cm × 길이 4cm 정도로 네모 또는 세모지게 썰어준다.

 쑥갓대는 배춧잎 안에 넣고 말아 사용해야 하므로 버리지 않는다.

4 무의 일부분을 강판에 갈아서 물에 헹궈 짠 후 고춧가루로 색을 내고, 실파는 0.5cm로 송송 썰어 헹구어 면포에 짜준다. 레몬은 반달 모양으로 썰어 그릇에 야꾸미를 준비한다.

5 나머지 무는 은행잎 모양, 당근은 매화꽃 모양, 표고버섯은 위쪽을 별 모양으로 깎은 후 데친다.

6 죽순은 빗살을 자르고 0.2cm 두께로 길게 썰어 데친다.

7 배추와 쑥갓대를 데치고, 데쳐낸 배춧잎을 반으로 잘라 겹쳐 놓은 후 쑥갓대를 넣고 김발에 말아 어슷 썰어 준비한다.

8 다시물 1큰술, 식초 1큰술, 간장 1큰술을 섞어 양념초(니하이즈)를 만든다.

9 찜 그릇에 배추는 뒤쪽, 백합조개는 앞쪽, 두부, 대파, 당근, 표고버섯, 무, 죽순은 가운데에 보기 좋게 담아 술찜소스를 끼얹고, 호일로 잘 감싸서 찜통에 10~15분간 찐다.

주의 호일 뚜껑을 덮어야 수분이 날아가지 않는다.

10 백합조개가 거의 익으면 쑥갓을 넣어 30초 정도 뜸을 들인다.

11 백합조개는 입을 벌려 놓고, 양념초와 야꾸미를 곁들여 완성한다.

소고기 양념튀김
(ぎゅうにくのからあげ 규니쿠노가라아게)

합격 Point

★ 소고기 양념 반죽을 튀길 때 일부러 동그랗게 만들지 않는다.
★ 소고기의 속까지 잘 익힌다.

용어 이해

- 가라아게(からあげ) = 재료(채소, 생선, 고기 등)에 전분이나 밀가루를 묻히거나 그대로 튀긴 것
- 고마(ごま) = 흰참깨
- 닌니쿠(にんにく) = 마늘
- 고마아부라(ごまあぶら) = 참기름
- 고무기코(こむぎこ) = 밀가루

요구사항

주어진 재료를 사용하여 다음과 같이 소고기 양념튀김을 만드시오.

❶ 소고기는 결의 반대방향으로 가늘게 채 써시오.
❷ 소고기에 양념을 한 후 달걀과 밀가루, 전분을 넣어 섞으시오.
❸ 양념한 재료는 조금씩 떼어 넣어 튀겨내시오(동그랗게 모양을 만들어 튀기는 경우는 오작 처리).

재료

- 소고기(등심) 100g
- 당면 10g
- 녹말가루(감자 전분) 30g
- 밀가루(박력분) 30g
- 달걀 1개
- 파슬리(잎, 줄기 포함) 1줄기
- 실파(1뿌리) 20g
- 레몬 1/4개
- 마늘(중, 깐 것) 1쪽
- 참기름 5ml
- 소금(정제염) 2g
- 식용유 500ml
- 청주 5ml
- 한지(25cm 사각, A4 용지 대체 가능) 2장

양념장

- **소고기 반죽 양념**
  다진 마늘, 참기름 1작은술, 청주 1작은술, 소금 1/2작은술, 달걀 노른자, 밀가루 1큰술, 녹말가루 1큰술, 송송 썬 실파

조리과정

1 실파는 0.5cm로 송송 썰고 마늘은 다진다. 파슬리는 물에 담가 놓는다.

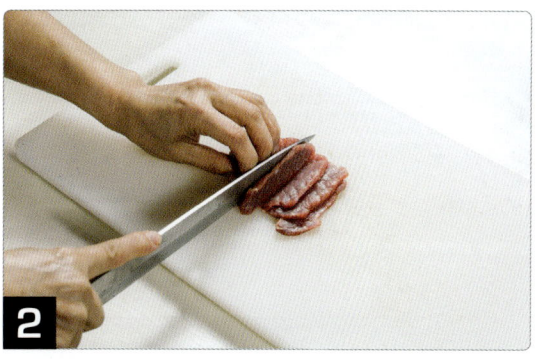

2 소고기는 핏물을 제거하여 결 반대로 짧게 편으로 썬 후, 젓가락 굵기 정도로 채 썰어준다.

3 볼에 소고기, 다진 마늘, 참기름, 청주, 소금으로 양념을 하고 달걀 노른자, 밀가루 1큰술, 녹말가루 1큰술을 넣어 반죽한 후 실파를 넣어 버무린다.

 밀가루, 녹말가루를 너무 많이 넣으면 딱딱해져 속이 완전히 익지 않는다.

4 불에 기름을 올려 온도(160℃ 정도)를 확인하고, 소고기 양념 반죽을 숟가락에 기름을 묻혀가며 밤톨만 하게 떼어 튀긴다.

 온도가 너무 높으면 겉면만 타고 속은 익지 않는다.

5 온도(180℃ 정도)를 올려 당면을 튀겨낸다.

 당면은 온도가 낮으면 튀겨지지 않는다.

6 완성 접시에 종이를 깔고 튀긴 당면과 소고기를 올린 후, 반달 모양으로 썬 레몬과 파슬리를 곁들여낸다.

도미냄비
(たいちり 다이지리)

시험시간 **30분**

합격 Point

★ 도미의 불순물을 제거하여 맑은 국물을 내야 한다.
★ 재료의 모양이 흐트러지거나 부서지지 않아야 한다.

일식·복어조리기능사 실기

용어 이해

- 다이지리(たいちり) = 도미를 재료로 한 냄비 요리

요구사항

주어진 재료를 사용하여 다음과 같이 도미냄비를 만드시오.

① 손질한 도미를 5~6cm로 자르고 머리는 반으로 갈라 소금을 뿌리시오.
② 머리와 꼬리는 데친 후 불순물을 제거하시오.
③ 당근은 매화꽃, 무는 은행잎 모양으로 만들어 익혀내시오.
④ 초간장(폰즈)과 양념(야꾸미)을 만드시오.

재료

- 도미(140~150g) 1마리
- 당근(둥근 모양으로 잘라서 지급) 60g
- 대파(흰 부분, 10cm 정도) 1토막
- 배추 70g
- 무 110g
- 판두부 60g
- 죽순 50g
- 팽이버섯 30g
- 생표고버섯(20g) 1개
- 쑥갓 30g
- 실파(1뿌리) 20g
- 건다시마(5×10cm) 1장
- 레몬 1/4개
- 소금(정제염) 10g
- 고춧가루(고운 것) 5g
- 청주 20ml
- 진간장 30ml
- 식초 30ml
- 맛술(미림) 20ml

양념장

- **지리국물**
  다시물 3컵, 청주 1큰술, 미림 1큰술, 소금 1작은술
- **양념(야꾸미)**
  고춧가루 물들인 무즙, 실파, 레몬
- **초간장(폰즈/지리스)**
  다시물 1큰술, 식초 1큰술, 간장 1큰술

조리과정

1 물 3컵에 다시마를 넣고 끓여 다시물을 준비한다.

2 도미는 비늘을 제거하고 지느러미를 자른 후, 아가미를 벌려 아가미와 내장을 모두 칼로 떼어내고 물로 씻는다.
*자세한 손질법은 P.12 참고

3 도미머리를 자르고 입 쪽에 칼을 넣어 반으로 가른 후, 따뜻한 물을 끼얹어 다시 한번 숟가락으로 비늘을 긁어낸다.

4 도미는 5~6cm 정도로 토막을 내고 몸통은 세장뜨기를 한 후 꼬리지느러미 부분을 V자가 되도록 잘라낸다. 손질한 도미에 소금을 뿌려 놓았다가 모두 데쳐낸다.

5 쑥갓잎은 찬물에 담그고 대파는 길게 5cm 정도로 어슷 썰어준다. 두부는 두께 1.5cm × 길이 4cm 정도로 네모 또는 세모지게 썰어준다.

주의 쑥갓대는 버리지 않는다.

6 무의 일부분은 강판에 갈아서 물에 헹궈 짠 후 고춧가루로 색을 내고, 실파는 0.5cm 크기로 썰어 헹구어 면포에 짜준다. 레몬은 반달 모양으로 썰어 그릇에 야꾸미를 준비한다.

7 나머지 무는 은행잎 모양, 당근은 매화꽃 모양, 표고버섯은 별 모양으로 깎고, 죽순은 빗살을 잘라 0.2cm 두께로 길게 썰어 데친다. 배추와 쑥갓대도 모두 데쳐낸다.

8 데쳐낸 배춧잎의 반을 잘라 겹쳐 놓고, 쑥갓대를 넣고 말아 어슷 썬다.

9 냄비의 뒤쪽에는 배추, 앞쪽에는 도미, 중앙에는 나머지 재료들을 보기 좋게 담고 지리국물을 넣어 끓여준다.

10 도미가 거의 익으면 쑥갓잎과 팽이버섯을 넣고 한 번 더 끓여 완성한다.

11 다시물, 식초, 간장을 섞어 폰즈를 만든다.

12 도미냄비에 야꾸미와 폰즈를 곁들여낸다.

생선모둠회
(さしみのもりあわせ 사시미노모리아와세)

시험시간 **30분**

 합격 Point

★ 가쓰라무키를 얇고 가늘게 해야 한다.
★ 생선회의 색이 전체적으로 조화를 이루도록 담아야 한다.

용어 이해

- 아까미(あかみ) = 붉은색 참치
- 사요리(さより) = 학꽁치
- 히라메(ひらめ) = 광어
- 다이콘(だいこん) = 무
- 가쓰라무키(かつらむき) = 돌려깎기 ※ 무를 얇고 길게 돌려깎아 가늘게 썬 것. 생선회를 놓을 때 많이 이용
- 시모후리(しもふり) = 생선 껍질에 뜨거운 물을 끼얹어 껍질이 살짝 일어나게 하여 불순물을 제거하는 것

요구사항

주어진 재료를 사용하여 다음과 같이 생선모둠회를 만드시오.

❶ 각 생선을 밑손질하시오.
❷ 무를 돌려깎기(가쓰라무키) 한 후 가늘게 채 썰어 사용하시오.
❸ 당근은 나비 모양, 오이는 왕관 모양으로 장식하여 내시오.

재료

- 붉은색 참치살(아까미) 60g
- 광어(3×8cm 이상, 껍질 있는 것) 50g
- 학꽁치(꽁치, 전어 대체 가능) 1/2마리
- 도미살 50g
- 무(길이 7cm 이상, 둥근 모양으로 지급) 400g
- 당근(둥근 모양으로 잘라서 지급) 60g
- 오이(가늘고 곧은 것, 20cm 정도) 1/3개
- 청차조기잎(시소, 깻잎 2장으로 대체 가능) 4장
- 레몬 1/8쪽
- 무순 5g
- 고추냉이(와사비분) 10g

조리과정

1 무를 얇게 돌려깎는다.

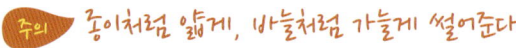

주의 종이처럼 얇게, 바늘처럼 가늘게 썰어준다.

2 돌려깎은 무를 깎은 반대 방향으로 가늘게 채 썰어 물에 담가 놓는다.

3 오이는 왕관 모양, 당근은 나비 모양으로 만들어 준비해둔다.

4 무순과 깻잎(또는 시소)은 물에 담가 놓는다.

5 물기를 제거한 무채를 뭉쳐 접시 한 켠에 세우고 나머지 무채는 4개의 뭉치로 만들어 접시에 놓는다.

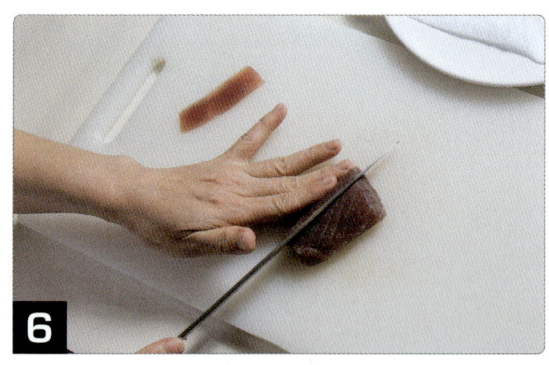

6 참치는 미지근한 소금물에 잠시 담가두었다가 물기를 제거하고, 도톰하게 사시미로 썰어준다.

7 광어는 껍질을 제거하여 3조각 정도 사시미로 썰어 준다.

8 도미도 3조각 정도를 사시미로 썰고, 레몬을 얇게 썰어 도미 사이에 끼워준다.

 도미는 껍질 쪽에 뜨거운 물을 끼얹어 껍질이 살짝 일어나게 한 후 사시미 뜬다.

9 학꽁치(또는 꽁치)는 뼈와 이물질을 제거한 후 얇은 껍질을 벗기고, 등 쪽에 X자로 잔칼집을 넣어 사시미 뜬다.

10 위에 깻잎과 손질한 생선을 올리고 무순과 당근, 오이로 장식한다. 와사비는 되직하게 개어 나뭇잎 모양으로 잔칼집을 낸다.

11 완성 접시에 나뭇잎 모양 와사비를 얹어 완성한다.

모둠튀김
(てんぷらのもりあわせ 덴푸라노모리아와세)

 합격 Point

★ 튀김옷이 눅눅하지 않고 바삭해야 한다.
★ 튀김이 눈꽃송이 핀 것처럼 튀겨져야 한다.

용어 이해

- 모리아와세(もりあわせ) = 한 접시 위에 여러 가지를 놓은 것
- 덴푸라(てんぷら) = 튀김
- 렌콘(れんこん) = 연근, 연뿌리

요구사항

주어진 재료를 사용하여 다음과 같이 모둠튀김을 만드시오.

❶ 새우, 갑오징어, 학꽁치, 바닷장어를 튀길 수 있도록 손질하시오.
❷ 각 채소를 튀길 수 있는 크기로 써시오.
❸ 새우는 구부러지지 않게 튀기시오.
❹ 튀김소스(덴다시)와 양념(야꾸미)을 곁들여내시오.

재료

- 새우(30~40g 정도) 2마리
- 갑오징어 몸살(오징어 대체 가능) 40g
- 학꽁치(꽁치, 전어 대체 가능) 1/2마리
- 바닷장어살 50g
- 양파(중, 150g 정도) 1/4개
- 청피망(중, 75g 정도) 1/6개
- 생표고버섯(20g) 1개
- 연근 30g
- 밀가루(박력분) 150g
- 달걀 1개
- 무 30g
- 가다랑어포(가쓰오부시) 20g
- 통생강 20g
- 건다시마(5×10cm) 1장
- 레몬 1/8개
- 실파(1뿌리) 20g
- 식용유 500ml
- 청주 10ml
- 진간장 10ml
- 흰설탕 20g
- 한지(25cm 사각, A4 용지 대체 가능) 2장
- 대꼬챙이(소, 10cm 이하) 2개
- 이쑤시개 1개

양념장

- **튀김소스(덴다시)**
  가쓰오 다시물 3큰술, 간장 1큰술, 청주 1작은술, 설탕 1작은술
- **양념(야꾸미)**
  생강·무 간 것, 실파 송송 썬 것, 조각 레몬

조리과정

1 물 1컵에 다시마를 넣고 끓으면 불을 끄고 다시마를 건져낸 후 가다랑어포를 넣는다. 5~10분 정도 지나면 국물을 고운체에 걸러 가쓰오 다시물을 만든다.

2 연근은 껍질을 벗겨 찬물에 담가 놓고, 표고버섯은 윗면에 별 모양을 낸다. 피망은 2.5cm × 7cm 정도로 썰어 준비한다.

3 양파는 두께 1cm 정도로 썰어 꼬치를 꽂아준다.

 제출 전에는 꼬치를 빼야 한다.

4 갑오징어는 얇은 껍질을 벗긴 후 안쪽에 사선으로 칼집을 넣어 2.5cm × 7cm 정도로 손질하고, 바닷장어는 씻은 후 2.5cm × 7cm 정도로 손질하여 껍질 부분에 칼집을 넣는다.

5 꽁치(또는 학꽁치, 전어)는 세장뜨기 하여 껍질을 벗긴 후 7cm 정도 길이로 손질한다.

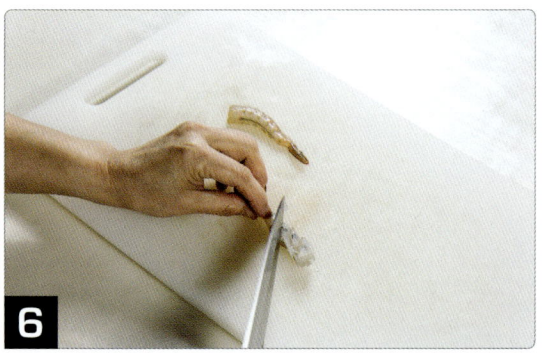

6 새우는 머리, 내장, 물총을 제거한 후 껍질을 벗기고, 배 쪽에 칼집을 넣고 등 쪽으로 꺾어 구부러지지 않게 손질한다.

7

손질한 모든 재료 위에 밀가루를 체에 받쳐 살짝 뿌리고, 튀김 기름을 올려 온도를 맞춰둔다.

8

볼에 달걀 노른자와 찬물 1컵을 넣어 풀어준 다음, 밀가루를 체에 받쳐 뿌리고 적당히 풀어준다.

주의 튀김 반죽은 튀기기 직전에 만들고 너무 많이 젓지 않는다.

9

채소부터 하나씩 튀김 반죽을 입혀 꽃을 피우듯이 튀겨낸다.

10

접시에 종이로 모양을 내고, 튀김을 세워 보기 좋게 담는다.

11

덴다시는 살짝 끓여 따뜻하게 하고, 야꾸미를 준비한다.

12

모둠튀김에 덴다시와 야꾸미를 곁들여낸다.

전골냄비
(すきやき 스끼야끼)

합격 Point

★ 사리모리를 하면서 재료를 손질해야 한다.
★ 재료 특성에 맞게 단단한 채소부터 볶아야 한다.
★ 생달걀을 깨서 그릇에 따로 담아 제출한다.

용어 이해

- 스끼야끼(すきやき) = 전골
- 사사가끼(ささがき) = 우엉 등을 조릿대잎 모양으로 얇게 엇비슷이 자르는 것

요구사항

주어진 재료를 사용하여 다음과 같이 전골냄비(스끼야끼)를 만드시오.

1. 전골(스끼야끼) 양념장(다래)과 다시(국물)를 준비하시오.
2. 고기와 채소류를 각각 적합한 크기로 썰어 준비하시오.
3. 우엉은 연필깎이 썰기(사사가끼)로 하시오.
4. 재료의 특성에 맞게 순서대로 볶아서 익히시오.

재료

- 소고기(등심) 100g
- 판두부 50g
- 우엉 40g
- 생표고버섯(20g) 1개
- 팽이버섯 30g
- 대파(흰 부분, 10cm 정도) 1토막
- 건다시마(5×10cm) 1장
- 양파(중, 100g 정도) 1/2개
- 실곤약 30g
- 죽순 30g
- 달걀 1개
- 배추 70g
- 쑥갓 30g
- 흰설탕 30g
- 청주 30ml
- 진간장 50ml
- 식용유 10ml

양념장

- **양념장(다래)**
  다시물 9큰술, 간장 3큰술, 청주 3큰술, 설탕 3큰술

조리과정

1 찬물 2컵에 다시마를 넣고 끓여 다시물을 준비한다.

2 쑥갓은 찬물에 담가 놓고 우엉은 껍질을 벗기고 연필을 깎듯이 사사가끼를 하여 물에 담가 놓는다.

주의 우엉은 갈변을 방지하기 위해 물에 담가둔다.

3 배추는 길게 놓고 6cm × 2cm로 썰고, 양파는 0.5cm 두께의 반달 모양으로 썰어 놓는다. 대파는 길게 어슷 썰고 팽이버섯은 밑동을 제거한다. 표고버섯은 별 모양으로 칼집을 넣고, 부챗살로 썬 죽순과 실곤약은 데친다.

주의 접시에 완성된 재료를 모리하면서 손질한다.

4 두부는 쇠꼬챙이에 꽂아 구운 후, 5cm × 5cm × 1cm로 썰어 놓는다.

5 우엉도 접시에 놓고, 소고기는 핏물을 제거한 후 얇게 저며 썬다.

6 저며 썬 소고기를 접시의 맨 앞에 가지런히 놓고 볶을 준비를 한다.

7 다시물, 간장, 청주, 설탕을 넣고 살짝 끓여 다래를 준비한다.

8 전골냄비에 기름을 두르고 단단한 채소부터 볶으면서 한쪽으로 밀어 놓고 다래를 조금씩 넣어 계속해서 볶는다.

9 고기를 넣어 볶은 후 실곤약과 두부를 올리고 남은 다래를 넣는다. 마지막에 팽이버섯과 쑥갓을 올려 완성한다.

10 달걀 노른자를 그릇에 담아 같이 제출한다.

꼬치냄비
(くしなべ 구시나베)

시험시간 **40분**

 합격 Point

★ 달걀, 무, 곤약은 색깔이 나도록 충분히 간장에 조려야 한다.
★ 유부 주머니가 터지지 않아야 한다.

용어 이해

- 구시(くし) = 꼬챙이(꼬치)
- 아부라게(あぶらげ) = 유부, 얇게 저며 기름에 튀긴 두부

요구사항

주어진 재료를 사용하여 다음과 같이 꼬치냄비를 만드시오.

1. 어묵(오뎅)은 용도에 맞게 자르시오(단, 사각형으로 된 오뎅은 5cm 정도로 잘라 사용한다).
2. 다시마는 매듭을 만들고, 당근은 매화꽃 모양으로 만드시오.
3. 곤약은 길이 7cm, 폭 3cm 정도로 잘라서 꼬인 상태로 만들어 사용하시오.

   꼬인 상태
4. 소고기, 실파, 목이버섯, 당면, 배추, 당근으로 일본식 잡채를 만들어서 유부 주머니(후쿠로)에 넣어 데친 실파로 묶으시오.
5. 겨자와 간장을 함께 곁들이시오.

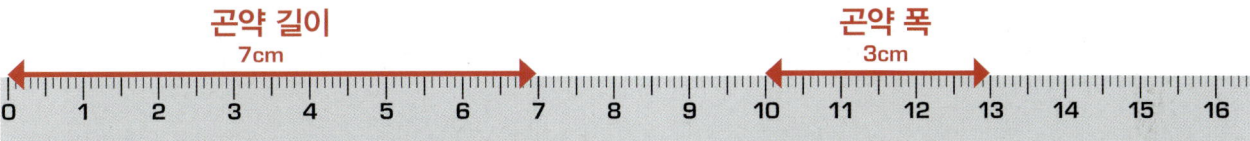

재료

- 어묵(사각형, 완자, 구멍난 것) 180g
- 판곤약 50g
- 당근(둥근 모양으로 잘라서 지급) 60g
- 무 70g
- 쑥갓 30g
- 건다시마(5×10cm) 1장
- 가다랑어포(가쓰오부시) 10g
- 달걀(삶은 것) 1개
- 소고기 30g
- 당면 10g
- 대꼬챙이(20cm 정도) 2개
- 유부 2장
- 실파(2뿌리) 40g
- 목이버섯 5g
- 배추(1/2장) 50g
- 소금(정제염) 2g
- 겨잣가루 10g
- 식용유 30ml
- 검은 후춧가루 5g
- 진간장 30ml
- 청주 15ml
- 맛술(미림) 15ml

양념장

- **꼬치국물 양념**

  가쓰오 다시물 2컵, 미림 1큰술, 청주 1큰술, 간장 1작은술, 소금 1/2작은술

조리과정

1 찬물 4컵에 다시마를 넣고 끓으면 불을 끈 후 다시마를 건져내고 가다랑어포를 넣는다. 5~10분 정도가 지나면 국물을 체에 걸러 가쓰오 다시물을 준비한다. 겨잣가루는 따뜻한 물에 갠 후 따뜻한 곳에 놓고 발효시킨다.

2 건져낸 다시마는 10cm × 1cm 정도로 썰어 매듭지어 놓는다.

3 쑥갓을 찬물에 담가 놓고, 목이버섯은 미지근한 물에 불려 놓는다.

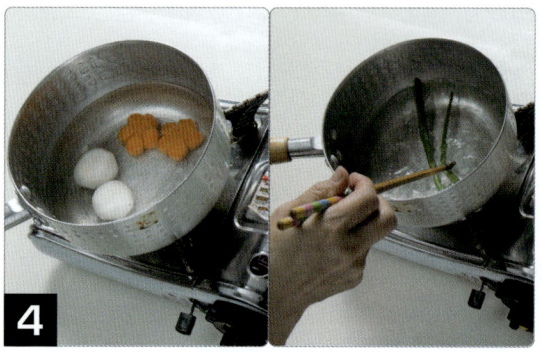

4 무는 밤 정도의 크기로 만들고, 당근의 일부분은 매화꽃 모양으로 만들어 모두 데친다. 실파의 파란 부분도 데쳐낸다.

5 0.2cm 정도로 한쪽 면을 자른 유부, 5cm로 썬 어묵, 당면도 모두 데친다.

주의 어묵은 뜨거운 물을 끼얹거나 데쳐서 기름기를 제거한다.

6 곤약은 7cm × 3cm로 자른 후, 가운데에 칼집을 넣고 꼬인 상태로 만들어 데쳐낸다.

7 껍질을 제거한 삶은 달걀, 데친 무, 곤약은 가다랑어 다시물 1/2컵, 간장 3큰술을 넣어 색깔 나게 조린다.

8 소고기, 배추, 당근, 목이버섯, 당면, 실파 머리 부분을 길이 5cm × 0.2cm 정도로 채 썰고, 팬에 기름을 둘러 순서대로 볶으면서 간장 1큰술, 청주 1큰술, 후추로 간을 한다.

9 8에서 만든 일본식 잡채를 기름 뺀 유부에 넣고 데친 실파로 묶어 유부 주머니를 만들어 놓는다.

주의 유부 주머니가 터지지 않게 주의한다.

10 데친 어묵들은 대꼬챙이에 보기 좋게 꽂아 놓는다.

11 냄비에 달걀, 쑥갓을 제외한 나머지 재료(무, 당근, 곤약, 유부 주머니, 어묵 꼬챙이, 매듭지은 다시마)를 보기 좋게 담아 가쓰오 다시물 2컵을 부어 끓인 후, 미림 1큰술, 청주 1큰술, 간장 1작은술, 소금 1/2작은술을 넣어 간을 한다.

12 반을 자른 달걀과 쑥갓을 올려 완성하고 발효 겨자와 간장을 함께 곁들여낸다.

모둠냄비
(よせなべ 요세나베)

★ 재료의 모양이 흐트러지지 않아야 한다.
★ 모든 재료가 잘 보이도록 담아내야 한다.

용어 이해

- 니와도리(にわとり) = 닭

요구사항

주어진 재료를 사용하여 다음과 같이 모둠냄비를 만드시오.

❶ 재료는 규격에 알맞도록 썰고 삶거나 데쳐내시오.
❷ 다시마와 가다랑어포(가쓰오부시)로 가다랑어 국물(가쓰오다시)을 만드시오.
❸ 달걀은 끓는 물에 살짝 풀어 익혀 후끼요세다마고로 만드시오.
❹ 당근은 매화꽃, 무는 은행잎 모양으로 만들어 익혀내시오.

재료

- 닭고기살 20g
- 새우(30~40g 정도) 1마리
- 갑오징어 몸살(오징어 대체 가능) 50g
- 백합조개(개당 40g 정도, 5cm 내외, 모시조개로 대체 가능) 1개
- 찜어묵(판어묵, 가마보꼬) 30g
- 당근(둥근 모양으로 잘라서 지급) 60g
- 대파(흰 부분, 10cm 정도) 1토막
- 배추(2장 정도) 80g
- 무 60g
- 가다랑어포(가쓰오부시) 20g

- 생표고버섯(20g) 1개
- 팽이버섯 30g
- 판두부 70g
- 흰생선살 50g
- 달걀 1개
- 건다시마(5×10cm) 1장
- 쑥갓 30g
- 죽순 30g
- 청주 30ml
- 진간장 10ml
- 소금(정제염) 10g
- 이쑤시개 1개

양념장

- **국물(요세나베다시)**
  가쓰오 다시물 3~4컵, 청주 1큰술, 간장 1작은술, 소금 1작은술

조리과정

1 물 4컵에 다시마를 넣고 끓으면 불을 끄고 다시마를 건져낸 후 가다랑어포를 넣는다. 5~10분 정도가 지나면 국물을 고운체에 걸러 가쓰오 다시물을 준비해 둔다.

2 닭고기살은 청주, 간장에 재워 놓고, 갑오징어는 껍질을 벗겨 잔칼집을 넣은 후 데쳐서 3cm × 5cm 정도로 썰어준다.

3 흰생선살은 소금에 재워 놓았다가 데치고, 새우는 내장을 제거하고 껍질을 벗긴 후 등 쪽에 칼집을 넣어 모양을 내어 데친다.

4 쑥갓잎은 찬물에 담가 놓고 백합조개는 소금물에 해감한 후 눈을 떼어낸다.

 생선살은 데칠 때 부서지므로 끓는 물에 넣었다가 바로 꺼낸다.

5 냄비에 물을 올려 배추와 쑥갓대를 데치고, 배춧잎에 쑥갓대를 올려 김발로 말아 어슷 썬다.

6 무는 은행잎 모양으로, 당근은 매화꽃 모양으로, 표고버섯은 윗면을 별 모양으로 깎은 후 모두 데친다.

7 대파는 길게 어슷 썰어 준비해 놓고, 죽순은 부채살로 길게 잘라서 데친다.

8 판어묵은 물결무늬로 썰어서 데치고, 두부는 2cm × 1cm × 4cm로 썰고, 팽이버섯은 밑동을 잘라 준비한다.

9 달걀은 약간의 소금을 넣어 그릇에 풀어두고 끓는 물에 부어 수란을 만든다.

 바닥에 눌어붙지 않게 한두 번 저어준다.

10 익힌 달걀을 체에 받쳐 물기를 제거한 후 김발에 놓고 말아 썰어준다.

11 냄비에 준비해 놓은 재료를 넣고 요세나베다시를 부어 끓여낸다.

12 쑥갓과 팽이버섯을 마지막에 넣고 백합조개를 꺼내 입을 벌려 완성한다.

시험시간 56분

복어
(복어부위 감별 +조리작업)

- 복어 기초손질 과정 138
- 복어부위 감별 143
- 복어회 144
- 복어껍질초회 147
- 복어죽(조우스이) 150

복어 기초손질 과정
(Blow Fish)

1 양쪽 가슴지느러미 자르기

2 등지느러미 자르기

3 배지느러미 자르기

4 숨구멍 밑에 칼을 대고 1/3 정도로 자르기

5 칼을 넣고 입 자르기

6 혀가 나왔으면 밑면에 칼을 대고 완전히 자르기

7 자른 입을 칼로 내리치기

8 내리친 입을 반으로 자르기

9 껍질 벗기기 위해 칼집 넣기

10 돌려서 다른 한쪽 면의 껍질에도 칼집 넣기

11 껍질과 살 사이에 칼을 넣고 자르기

12 꼬리 쪽 껍질 자르기

13 껍질 잡아당겨 벗기기 ①

14 껍질 잡아당겨 벗기기 ②

15 머리뼈와 아가미 사이에 칼을 넣고 뼈 자르기

16 다른 한쪽 면 머리뼈와 아가미 사이에 칼을 넣고 뼈 자르기

17 내장을 들어올리기 위해 칼집 넣기

18 내장 들어올리기

19 들어올린 내장의 끝부분 자르기

20 눈 떼어내기

21 배꼽을 도려내기 위해 한쪽 면에 칼집 넣기

22 돌려서 다른 한쪽 면에도 칼집 넣기

23 배꼽 떼어내기

24 머리뼈 자르기

25 머리뼈 반으로 자르기

26 머리뼈 사이의 골 제거하기

27 머리뼈 군데군데 칼집 넣어 피 제거하기

28 뼈와 살 분리하기

29 뼈 5cm로 토막내기

30 토막낸 뼈에 칼집 넣어 피 제거하기

31 아가미와 혀 사이에 칼을 넣어 내장 분리하기

32 내장 분리하기

33 피가 뭉쳐져 있는 뼈 잘라내기

34 피, 막 등의 불순물 제거하기

35 반으로 자르기

36 칼끝으로 속껍질 제거하기 ①

37 칼끝으로 속껍질 제거하기 ②

38 도마에 밀착시켜 겉껍질의 끝부분 잘라내기

39 사시미로 가시 제거하기

40 배 껍질의 가시 제거하기

요구사항

위생과 안전에 유의하고, 지급된 재료 및 시설을 이용하여 아래 작업을 완성하시오.

[1과제] 제시된 복어 부위별 사진을 보고 1분 이내에 부위별 명칭을 답안지의 네모칸 안에 작성하여 제출하시오.

[2과제] 소제와 제독작업을 철저히 하여 복어회, 복어껍질초회, 복어죽을 만드시오.

❶ 복어의 겉껍질과 속껍질을 분리하여 손질하고 가시는 제거하시오.
❷ 회는 얇게 포를 떠 국화꽃 모양으로 돌려 담고, 지느러미·껍질·미나리를 곁들이고, 초간장(폰즈)과 양념(야꾸미)을 따로 담아내시오.
❸ 복어껍질초회는 껍질, 미나리를 4cm 길이로 썰어 폰즈, 미나리, 실파·빨간무즙(모미지오로시)을 사용하여 무쳐내시오.
❹ 죽은 밥을 씻어 사용하고, 살은 가늘게 채 썰거나 뼈에 붙은 살을 발라내어 사용하고, 당근·표고버섯은 다지고, 뼈와 다시마로 다시를 만들고, 달걀은 완성 전에 넣어 섞어주고, 실파와 채 썬 김을 얹어 완성하시오.

재료

- 복어(700g) 1마리
- 무 100g
- 생표고버섯(중) 1개
- 당근(곧은 것) 50g
- 미나리(줄기 부분) 30g
- 레몬 1/6쪽
- 건다시마(5×10cm) 2장
- 밥(햇반 또는 찬밥) 100g

- 실파(쪽파 대체 가능, 2줄기) 30g
- 김 1/4장
- 달걀 1개
- 진간장 30ml
- 소금(정제염) 10g
- 고춧가루(고운 것) 5g
- 식초 30ml

양념장

- **양념(야꾸미)**
  고춧가루 물들인 무즙, 실파, 레몬

- **초간장(폰즈)**
  가쓰오 다시물 1큰술, 식초 1큰술, 간장 1큰술

복어부위 감별

식용 가능

복어회

 합격 Point

★ 복어 손질이 요구사항에 맞아야 한다.
★ 포 뜬 복어살이 얇고 가늘어야 한다.

조리과정

1 양쪽 지느러미는 소금으로 문질러 씻어 지저분한 부분을 잘라낸 후, 불에 올린 냄비 뚜껑 위에 얹어 말린다.

2 손질된 횟감용 살 끝의 얇고 단단한 막을 제거하고 살 안쪽의 속껍질을 벗겨낸다.

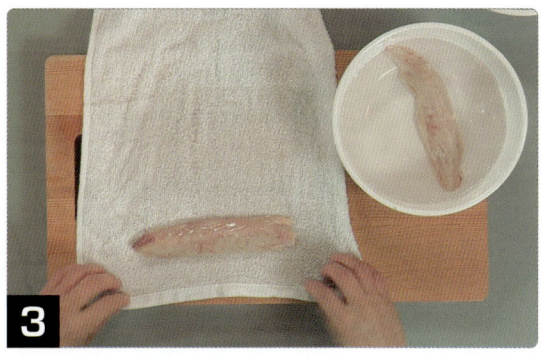

3 복어살은 소금물에 담갔다가 건져 면포에 잠시 감싸 놓고 물기를 제거한다.

 물기가 제거되어야 살이 단단해진다.

4 가시를 제거한 복어껍질은 데쳐서 가늘게 채 썰어준다.

5 복어살의 꼬리 부분을 앞쪽으로 하여 얇게 회를 뜬다.

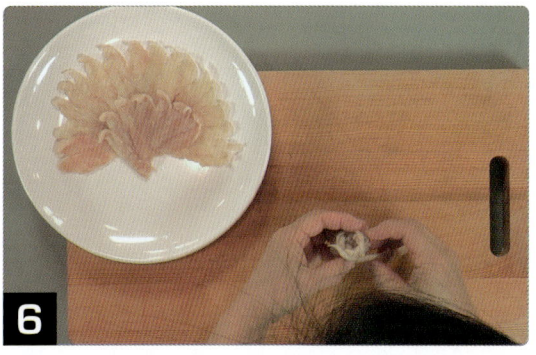

6 복어살을 엄지와 검지로 잡고 접시 가장자리에 엄지 손가락으로 밀어 국화꽃 모양으로 놓으면서 반시계 방향으로 돌려 담는다. 약간의 복어살을 뭉쳐서 장미꽃 모양으로 만들어 접시 가운데에 놓는다.

7 미나리 대는 4cm로 썰어 준비한다.

8 지느러미를 나비 모양으로 놓은 후, 채 썬 껍질과 미나리를 담고 야꾸미와 폰즈를 곁들여 낸다.

복어껍질초회

 합격 Point

★ 모든 재료가 보이도록 담아낸다.

조리과정

1 물 1컵에 다시마를 넣고 끓여 다시물을 준비한다.

2 미나리 대는 4cm로 썰어 준비한다.

3 무를 강판에 갈아 물에 헹구어 짠 후 고운 고춧가루를 넣어 빨간무즙을 만든다.

4 실파는 0.5cm 크기로 썰어 물에 헹군 후 면포에 짜 놓는다.

5 가시를 제거한 복어껍질은 데쳐서 찬물에 담갔다가 가늘게 채 썰어준다.

6 다시물 1큰술, 식초 1큰술, 간장 1큰술을 섞어 초간장(폰즈)을 만든다.

7 껍질채, 미나리, 빨간무즙, 초간장(폰즈)을 넣고 버무리다가 실파를 넣고 버무린다.

8 완성 접시에 소복하게 담아낸다.

복어죽
(조우스이)

★ 밥알이 으깨지지 않도록 주의하며 전분을 제거한다.

일식·복어 조리기능사 실기

조리과정

1. 복어뼈에 붙은 살을 발라내고, 회를 썰고 남은 살과 함께 자른다.

2. 물 3컵에 다시마와 복어뼈를 넣고 거품을 제거하며 끓여 육수를 만든다.

3. 표고버섯과 당근을 일정한 크기로 자른다.

4. 밥은 전분이 없어지도록 찬물에 씻는다.

 밥알이 으깨지지 않도록 한다.

5. 육수 2컵에 **3**을 넣고 끓이다가 복어살과 밥을 넣고 끓인다. 육수가 졸아들면 달걀을 넣고 젓는다.

6. 완성 그릇에 죽을 담고, 제출 직전에 살짝 구워 채 썬 김과 실파를 얹어 낸다.

복어죽 : 151

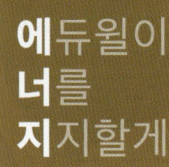

끝이 좋아야 시작이 빛난다.

– 마리아노 리베라(Mariano Rivera)

여러분의 작은 소리
에듀윌은 크게 듣겠습니다.

본 교재에 대한 여러분의 목소리를 들려주세요.
공부하시면서 어려웠던 점, 궁금한 점,
칭찬하고 싶은 점, 개선할 점, 어떤 것이라도 좋습니다.

에듀윌은 여러분께서 나누어 주신 의견을
통해 끊임없이 발전하고 있습니다.

에듀윌 도서몰 book.eduwill.net
- 부가학습자료 및 정오표: 에듀윌 도서몰 → 도서자료실
- 교재 문의: 에듀윌 도서몰 → 문의하기 → 교재(내용, 출간) / 주문 및 배송

에듀윌 일식·복어조리기능사 실기

발 행 일	2023년 1월 30일 초판 ｜ 2023년 4월 10일 2쇄
편 저 자	최은주
펴 낸 이	김재환
펴 낸 곳	(주)에듀윌
등록번호	제25100-2002-000052호
주 소	08378 서울특별시 구로구 디지털로34길 55 코오롱싸이언스밸리 2차 3층

* 이 책의 무단 인용·전재·복제를 금합니다.

www.eduwill.net
대표전화 1600-6700

스탠드형 핵심 요약집

* 재료별로 조리 방법을 제시하였습니다.

핵심 요약집 사용법

STEP1 실선을 따라 자른다.

STEP2 점선을 따라 접는다.

STEP3 조리대에 세워놓고 보면서 실습한다.

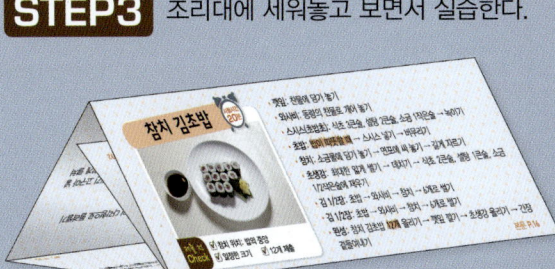

갑오징어 명란무침 ⏰시험시간 20분

- **깻잎, 무순**: 물에 담가놓기
- **갑오징어**: 얇은 껍질 벗기기 → 두꺼울 경우 포 뜨기 → 0.3cm로 채 썰기 → 소금물 데워서 데치기
- **명란**: 알만 긁어내기 → 데친 갑오징어, 소금 넣고 버무리기
- **완성**: 깻잎 깔기 → 갑오징어 명란무침 올리기 → 무순으로 장식

제출 전 Check
- ☑ 갑오징어 두께

본문 P.16

소고기 간장구이 ⏰시험시간 20분

- **다시마**: 다시물 만들기
- **통생강**: 바늘처럼 가늘게 썰기 → 찬물에 담가 놓기
- **양념간장(다래)**: 다시물 4큰술, 설탕 2큰술, 간장 2큰술, 청주 2큰술, 미림 2큰술 → 1/2로 졸이기
- **소고기**: 두께 1.5cm로 펴기 → 칼 끝으로 힘줄 끊기 → 소금, 후춧가루 뿌려 놓기 → 달군 팬에 초벌로 익히기 → 다래소스 바르기 → 미디엄으로 굽기 → 3cm로 썰기
- **완성**: 깻잎 깔기 → 구운 소고기 올리기 → 생강채 올리기 → 산초가루 뿌리기

제출 전 Check
- ☑ 소고기의 두께와 길이
- ☑ 소고기 익힘 정도

본문 P.20

참치 김초밥 ⏰시험시간 20분

- **깻잎**: 찬물에 담가 놓기
- **와사비**: 동량의 찬물로 개어 놓기
- **참치**: 소금물에 담가 놓기 → 면포에 싸 놓기 → 길게 자르기
- **초밥**: 밥이 따뜻할 때 스시스 넣기 → 버무리기
  * **초밥초(스시스)**: 식초 3큰술, 설탕 2큰술, 소금 1작은술 → 녹이기
- **초생강**: 최대한 얇게 썰기 → 데치기 → 담금초에 재우기
  * **담금초**: 식초 2큰술, 설탕 1큰술, 소금 1/2작은술
- **김 1/2장**: 초밥 → 와사비 → 참치 → 6개로 썰기
- **나머지 김 1/2장**: 초밥 → 와사비 → 참치 → 6개로 썰기
- **완성**: 참치 김초밥 12개 올리기 → 깻잎 깔기 → 초생강 올리기 → 간장 곁들여내기

제출 전 Check
- ☑ 참치 위치: 밥의 중앙
- ☑ 일정한 크기
- ☑ 12개 제출

본문 P.24

문어초회 ⏰시험시간 20분

- **가쓰오 다시물**: 물, 다시마 → 가다랑어포 → 고운체에 거르기
- **문어**: 물, 간장, 식초, 소금 넣고 삶기 → 껍질 벗기기 → 4~5cm 지그재그로 얇게 썰기
- **오이(쟈바라 썰기)**: 0.2cm 간격으로 어슷하게 칼집 넣기 → 뒤집어 같은 방법으로 칼집 넣기 → 소금물에 절이기 → 2~3cm로 썰기 → 허리 눌러 모양내기
- **미역**: 불리기 → 소금물에 데치기 → 말이하여 4~5cm로 썰기
- **양념초간장(도사스)**: 가쓰오 다시물 4큰술, 식초 2큰술, 간장 1/2작은술, 설탕 1/2작은술, 소금 약간 → 끓이기 → 식히기
- **완성**: 손질한 재료 담기 → 레몬 장식 → 도사스 끼얹기

제출 전 Check
- ☑ 문어 삶기 정도
- ☑ 도사스의 색

본문 P.28

갑오징어 명란무침

재료
- 갑오징어 몸살 70g
- 명란젓 40g
- 무순 10g
- 청차조기잎(시소 또는 깻잎) 1장
- 소금 10g

요구사항
1. 명란젓은 껍질을 제거하고 알만 사용하시오.
2. 갑오징어는 속껍질을 제거하여 사용하시오.
3. 갑오징어를 소금물에 데쳐 0.3cm × 0.3cm × 5cm 크기로 썰어 사용하시오.

본문 P.16

소고기 간장구이

재료
- 소고기(등심, 덩어리) 160g
- 건다시마 1장
- 깻잎 1장
- 검은 후춧가루 5g
- 진간장 50ml
- 식용유 100ml
- 맛술 50ml
- 통생강 30g
- 산초가루 3g
- 소금 20g
- 흰설탕 30g
- 청주 50ml

요구사항
1. 양념간장(다래)과 생강채(하리쇼가)를 준비하시오.
2. 소고기를 두께 1.5cm, 길이 3cm로 자르시오.
3. 프라이팬에 구이를 한 다음 양념간장(다래)을 발라 완성하시오.

본문 P.20

참치 김초밥

재료
- 밥(뜨거운 밥) 120g
- 청차조기잎(시소 또는 깻잎) 1장
- 붉은색 참치살 100g
- 통생강 20g
- 흰설탕 50g
- 식초 70ml
- 김(초밥 김) 1장
- 고추냉이 15g
- 소금 20g
- 진간장 10ml

요구사항
1. 김을 반장으로 자르고, 눅눅하거나 구워지지 않은 김은 구워 사용하시오.
2. 고추냉이와 초생강을 만드시오.
3. 초밥 2줄은 일정한 크기 12개로 잘라 내시오.
4. 간장을 곁들여 내시오.

본문 P.24

문어초회

재료
- 가다랑어포(가쓰오부시) 5g
- 문어다리(생문어) 1개
- 레몬 1/4개
- 건다시마 1장
- 흰설탕 10g
- 식초 30ml
- 건미역 5g
- 오이 1/2개
- 소금 10g
- 진간장 20ml

요구사항
1. 가다랑어 국물을 만들어 양념초간장(도사스)을 만드시오.
2. 문어는 삶아 4~5cm 길이로 물결모양 썰기(하조기리)를 하시오.
3. 미역은 손질하여 4~5cm 크기로 사용하시오.
4. 오이는 둥글게 썰거나 줄무늬(쟈바라) 썰기하여 사용하시오.
5. 문어초회 접시에 오이와 문어를 담고 양념초간장(도사스)을 끼얹어 레몬으로 장식하시오.

본문 P.28

해삼초회 (시험시간 20분)

- **가쓰오 다시물**: 물, 다시마 → 가다랑어포 → 고운체에 거르기
- **양념초(폰즈)**: 가쓰오 다시물 3큰술, 식초 1큰술, 간장 1작은술
- **오이(쟈바라 썰기)**: 0.2cm 간격으로 어슷하게 칼집 넣기 → 뒤집어 같은 방법으로 칼집 넣기 → 소금물에 절이기 → 2~3cm로 썰기 → 허리 눌러 모양내기
- **미역**: 불리기 → 소금물에 데치기 → 말이하여 4~5cm로 썰기
- **양념(야꾸미)**: 고춧가루 물들인 무즙, 실파, 레몬
- **해삼**: 내장, 모래, 힘줄, 이빨 제거하기 → 썰기
- **완성**: 해삼, 오이, 미역 담기 → 폰즈 끼얹기 → 야꾸미 곁들이기

제출 전 Check
- 해삼 크기
- 해삼 손질

본문 P.32

대합 맑은국 (시험시간 20분)

- **쑥갓잎**: 찬물에 담가 놓기
- **레몬**: 얇은 껍질 부분으로 오리발 만들기
- **백합조개**: 해감하기 → 물, 다시마, 백합조개 넣고 끓이기 → 다시마 건지기 → 백합조개 건져 살 바르기 → 국물을 걸러 간장, 소금, 청주 넣고 끓이기
- **완성**: 조개 넣은 그릇에 국물 붓기 → 레몬 오리발, 쑥갓 띄워 완성하기

제출 전 Check
- 국물의 온도와 간
- 국물의 맑은 정도

본문 P.36

된장국 (시험시간 20분)

- **가쓰오 다시물**: 물, 다시마 → 가다랑어포 → 고운체에 거르기
- **미역**: 물에 불리기 → 데치기 → 2cm 정도로 썰기 → 완성 그릇에 담기
- **두부**: 사방 1cm로 썰기 → 데치기 → 완성 그릇에 담기
- **실파**: 0.5cm로 썰기 → 물에 헹궈 짜기 → 완성 그릇에 담기
- **된장국**: 가쓰오 다시물에 된장 풀기 → 청주 → 살짝 끓이기
- **완성**: 미역, 두부, 실파 담긴 그릇에 된장국 붓기 → 산초가루 뿌리기

제출 전 Check
- 두부와 미역의 크기
- 국물의 온도

본문 P.39

전복버터구이 (시험시간 25분)

- **깻잎**: 찬물에 담가 놓기
- **전복**: 살 분리 → 내장 분리, 모래주머니 자르기 → 이빨 제거하기 → 내장만 데치기 → 전복살에 칼집 넣기 → 한입 크기로 썰기
- **양파**: 전복과 같은 크기로 썰기(세모 또는 네모)
- **피망**: 전복과 같은 크기로 썰기(세모 또는 네모)
- **은행**: 팬에 기름 넣고 볶기 → 껍질 벗기기
- 팬에 기름 두르기 → 양파 → 피망 → 전복살 → 내장 → 은행 → 청주, 소금, 후춧가루 → 버터
- **완성**: 깻잎 깔기 → 볶은 재료 올리기

제출 전 Check
- 전복과 채소의 크기

본문 P.46

해삼초회

재료
- 가다랑어포(가쓰오부시) 10g
- 해삼 100g
- 건미역 5g
- 무 20g
- 레몬 1/4개
- 고춧가루 5g
- 진간장 15ml
- 오이 1/2개
- 실파(1뿌리) 20g
- 건다시마 1장
- 소금 5g
- 식초 15ml

요구사항
1. 오이를 둥글게 썰거나 줄무늬(쟈바라) 썰기하여 사용하시오.
2. 미역을 손질하여 4~5cm로 써시오.
3. 해삼은 내장과 모래가 없도록 손질하고 힘줄(스지)을 제거하시오.
4. 빨간 무즙(아카오로시/모미지오로시)과 실파를 준비하시오.
5. 초간장(폰즈)을 끼얹어내시오.

본문 P.32

대합 맑은국

재료
- 백합조개 2개
- 쑥갓 10g
- 건다시마 1장
- 레몬 1/4개
- 소금 10g
- 청주 5ml
- 국간장 5ml

요구사항
1. 조개 상태를 확인한 후 해감하여 사용하시오.
2. 다시마와 백합조개를 넣어 끓으면 다시마를 건져내시오.

본문 P.36

된장국

재료
- 일본된장 40g
- 판두부 20g
- 건다시마 1장
- 실파(1뿌리) 20g
- 산초가루 1g
- 건미역 5g
- 가다랑어포(가쓰오부시) 5g
- 청주 20ml

요구사항
1. 다시마와 가다랑어포(가쓰오부시)로 가다랑어국물(가쓰오다시)을 만드시오.
2. 1cm × 1cm × 1cm로 썬 두부와 미역은 데쳐 사용하시오.
3. 된장을 풀어 한소끔 끓여내시오.

본문 P.39

전복 버터구이

재료
- 전복(2마리, 껍질 포함) 150g
- 청차조기잎(시소 또는 깻잎) 1장
- 양파 1/2개
- 은행 5개
- 청주 20ml
- 소금 15g
- 청피망 1/2개
- 버터 20g
- 검은 후춧가루 2g
- 식용유 30ml

요구사항
1. 전복은 껍질과 내장을 분리하고 칼집을 넣어 한 입 크기로 어슷하게 써시오.
2. 내장은 모래주머니를 제거하고 데쳐 사용하시오.
3. 채소는 전복의 크기로 써시오.
4. 은행은 속껍질을 벗겨 사용하시오.

본문 P.46

달걀말이 (시험시간 25분)

- **깻잎**: 찬물에 담가 놓기
- **가쓰오 다시물**: 물, 다시마 → 가다랑어포 → 고운체에 거르기
- **달걀물**: 달걀 6개, 가쓰오 다시물 5큰술, 설탕 1.5큰술, 미림 1.5큰술, 소금 1작은술 섞기 → 체에 내리기
- **달걀말이**: 팬에 기름 두르기 → 달걀물 → 반복적으로 달걀물 부어가며 말이하기 → 길이 8cm, 높이 2.5cm, 두께 1cm 정도로 8개 썰기
- **간장무즙**: 무 강판에 갈기 → 간장물 들이기
- **완성**: 깻잎 깔기 → 달걀말이 8개 담기 → 간장무즙 곁들이기

제출 전 Check
- ☑ 달걀말이 크기
- ☑ 8개 제출

본문 P.50

김초밥 (시험시간 25분)

- **초밥**: 밥이 따뜻할 때 스시스 넣기 → 버무리기
  - *초밥초(스시스)*: 식초 3큰술, 설탕 2큰술, 소금 1작은술 → 녹이기
- **초생강**: 얇게 썰어 데치기 → 담금초에 절이기
  - *담금초*: 식초 2큰술, 설탕 1큰술, 소금 1/2작은술
- **박고지**: 불리기 → 박고지조림 양념에 조리기
  - *박고지조림 양념*: 물 4큰술, 간장 1큰술, 설탕 1큰술, 미림 1작은술
- **오이**: 소금 뿌려 절이기 → 씻어내기
- **오보로**: 그대로 사용
- **달걀말이**: 달걀 2개, 물 1.5큰술, 설탕 1/2작은술, 소금 1/4작은술 → 말기
- **김초밥**: 김발에 김 → 밥 → 오보로, 오이, 박고지, 달걀말이 → 네모지게 말기 → 같은 크기로 8~10개 썰기
- **완성**: 김초밥 담기 → 깻잎 깔고 초생강 올리기 → 간장 곁들이기

제출 전 Check
- ☑ 김초밥의 크기
- ☑ 속 재료의 위치
- ☑ 8~10개 제출

본문 P.54

삼치소금구이 (시험시간 30분)

- **다시물**: 물, 다시마 → 끓이기
- **삼치**: 세장뜨기 → 소금에 절이기 → 씻어내기 → 꼬챙이 3개에 끼워 굽기
- **무 국화꽃**: 가로, 세로로 칼집 넣기 → 초담금(물 2큰술, 식초 2큰술, 소금 1작은술, 설탕 1큰술) → 꽃처럼 피우기 → 레몬 껍질 다져서 올리기
- **우엉**: 6~7cm 길이의 젓가락 굵기로 썰기 → 기름에 볶기 → 조림장 양념에 조리기 → 참깨 바르기
  - *우엉 조림장*: 다시물 1/2컵, 미림 1작은술, 설탕 1큰술, 간장 1큰술, 청주 1큰술
- **완성**: 깻잎 깔기 → 삼치 2조각 올리기 → 무 국화꽃, 레몬, 참깨 바른 우엉 곁들이기

제출 전 Check
- ☑ 삼치 굽기 정도
- ☑ 2조각 제출
- ☑ 곁들임: 깻잎, 우엉, 무, 레몬

본문 P.62

달걀찜 (시험시간 30분)

- **가쓰오 다시물**: 물, 다시마 → 가다랑어포 → 고운체에 거르기
- **쑥갓잎**: 찬물에 담가 놓기
- **레몬**: 오리발 모양으로 만들기
- **닭고기살**: 간장에 재우기 → 데치기 → 사방 1cm 정도로 2개 썰기
- **흰 생선살**: 소금에 재우기 → 데치기 → 사방 1cm 정도로 2개 썰기
- **새우**: 내장 제거 → 데치기 → 껍질 벗기기 → 사방 1cm 정도 2개 썰기
- **어묵, 죽순, 표고버섯**: 데치기 → 사방 1cm 정도로 2개 썰기
- **밤**: 꼬챙이에 끼우기 → 굽기 → 사방 1cm 정도로 2개 썰기
- **은행**: 껍질 벗기기 → 2개 그대로 사용
- **달걀물**: 가쓰오 다시물 130ml, 달걀 1개, 청주 1작은술, 미림 1작은술, 소금 약간 → 고운체에 내리기 → 준비한 재료 넣기 → 12분 정도 중탕하기
- **완성**: 쑥갓잎, 레몬 올리기 → 20초 정도 더 익히기

제출 전 Check
- ☑ 달걀찜 표면과 온도

본문 P.66

달걀말이

재료
- 청차조기잎(시소 또는 깻잎) 2장
- 가다랑어포(가쓰오부시) 10g
- 건다시마 1장
- 무 100g
- 소금 10g
- 맛술(미림) 20ml
- 달걀 6개
- 흰설탕 20g
- 식용유 50ml
- 진간장 30ml

요구사항
1. 달걀과 가다랑어 국물(가쓰오다시), 소금, 설탕, 맛술(미림)을 섞은 후 가는 체에 거르시오.
2. 젓가락을 사용하여 달걀말이를 한 후 김발을 이용하여 사각 모양을 만드시오(단, 달걀을 말 때 주걱이나 손을 사용할 경우는 감점 처리).
3. 길이 8cm, 높이 2.5cm, 두께 1cm로 썰어 8개를 만들고, 완성되었을 때 틈새가 없도록 하시오.
4. 달걀말이(다시마끼)와 간장무즙을 접시에 보기 좋게 담아내시오.

본문 P.50

김초밥

재료
- 청차조기잎(시소 또는 깻잎) 1장
- 김(초밥김) 1장
- 달걀 2개
- 오보로 10g
- 통생강 30g
- 소금 20g
- 식용유 10ml
- 맛술(미림) 10ml
- 밥(뜨거운 밥) 200g
- 박고지 10g
- 오이 1/4개
- 흰설탕 50g
- 식초 70ml
- 진간장 20ml

요구사항
1. 박고지, 달걀말이, 오이 등 김초밥 속 재료를 만드시오.
2. 초밥초를 만들어 밥에 간하여 식히시오.
3. 김초밥을 일정한 두께와 크기로 8등분하여 담으시오.
4. 간장을 곁들여 제출하시오.

본문 P.54

삼치 소금구이

재료
- 쇠꼬챙이(30cm) 3개
- 우엉 60g
- 깻잎 1장
- 건다시마 1장
- 흰참깨 2g
- 식용유 10ml
- 진간장 30ml
- 맛술(미림) 10ml
- 삼치 1/2마리
- 레몬 1/4개
- 무 50g
- 소금 30g
- 흰설탕 30g
- 식초 30ml
- 청주 15ml

요구사항
1. 삼치는 세장뜨기한 후 소금을 뿌려 10~20분 후 씻고 쇠꼬챙이에 끼워 구워내시오.
2. 채소는 각각 초담금 및 조림을 하시오.
3. 구이 그릇에 삼치소금구이와 곁들임을 담아 완성하시오.
4. 길이 10cm 크기로 2조각을 제출하시오.

본문 P.62

달걀찜

재료
- 가다랑어포(가쓰오부시) 10g
- 달걀 1개
- 닭고기살 20g
- 흰생선살 20g
- 생표고버섯 1/2개
- 쑥갓 10g
- 죽순 10g
- 소금 5g
- 청주 10ml
- 이쑤시개 1개
- 새우 1마리
- 은행 2개
- 어묵(판어묵) 15g
- 밤 1/2개
- 레몬 1/4개
- 건다시마 1장
- 진간장 10ml
- 맛술(미림) 10ml

요구사항
1. 은행은 삶고, 밤은 구워서 사용하시오.
2. 간장으로 밑간한 닭고기와 나머지 재료는 1cm 크기로 썰어 데쳐서 사용하시오.
3. 가다랑어포로 다시(국물)를 만들어 식혀서 달걀과 섞으시오.
4. 레몬 껍질과 쑥갓을 올려 마무리하시오.

본문 P.66

소고기 덮밥

시험시간 30분

제출 전 Check
- ☑ 국물의 양
- ☑ 달걀의 익힘 정도

- **가쓰오 다시물**: 물, 다시마 → 가다랑어포 → 고운체에 거르기
- **양념간장(돈부리 다시)**: 가쓰오 다시물 100mL, 미림 1큰술, 간장 1/2큰술, 설탕 1작은술, 소금 1/4작은술
- **소고기**: 편 썰기 → 6cm 정도 길이로 채 썰기
- **양파, 실파, 팽이버섯**: 5cm 정도 길이로 썰기
- **김**: 살짝 굽기 → 4cm 정도 길이로 바늘처럼 가늘게 썰기
- **달걀**: 대충 풀어 놓기
- **완성**: 팬에 돈부리 다시 → 고기 → 양파, 실파, 팽이버섯 → 달걀물 끼얹어 반숙 상태로 익히기 → 밥 위에 얹기 → 채 썬 김 올리기

본문 P.70

도미조림

시험시간 30분

제출 전 Check
- ☑ 도미 손질
- ☑ 조린 도미의 색

- **다시물**: 물, 다시마 → 끓이기
- **생강**: 바늘처럼 가늘게 썰기 → 물에 담가 놓기
- **우엉**: 껍질 벗기기 → 물에 담가 놓기
- **꽈리고추**: 꼭지 떼어 놓기
- **도미**: 비늘, 지느러미, 아가미, 내장 제거 → 머리 반 가르기 → 몸통 5~6cm로 자르기 → 소금 뿌리기 → 데치기
- **조림**: 우엉 → 도미 → 다시물 1/2컵, 청주 3큰술, 미림 3큰술, 설탕 3큰술 → 호일 뚜껑 덮기 → 양념이 1/2 이상 졸아들었으면 간장 4큰술 넣고 조리기 → 꽈리고추 → 국물 끼얹으며 조리기 → 국물 4~5큰술 정도 남기기
- **완성**: 조린 재료 접시에 담기 → 남은 국물 끼얹기 → 생강채 곁들이기

본문 P.74

도미술찜

시험시간 30분

제출 전 Check
- ☑ 도미 손질
- ☑ 재료의 모양
- ☑ 곁들임: 양념초, 양념

- **다시물**: 물, 다시마 → 끓이기
- **쑥갓잎**: 찬물에 담가두기
- **도미**: 비늘, 지느러미, 아가미, 내장 제거 → 머리 반 가르기 → 몸통 세장뜨기 → 소금 뿌리기 → 데치기
- **무**: 1/2개 은행잎 모양 → 데치기
- **당근**: 매화꽃 모양 → 데치기
- **표고버섯**: 윗면 별 모양내기
- **두부**: 2cm × 1cm × 4cm 정도 썰기
- **죽순**: 빗살로 썰기 → 데치기
- **배추, 쑥갓대**: 데치기 → 말기
- **양념초**: 다시물 1큰술, 식초 1큰술, 간장 1큰술
- **양념(야꾸미)**: 고춧가루 물들인 무즙, 실파, 레몬
- **완성**: 모든 재료 담기 → 술찜소스 뿌리기 → 쪄내기 → 쑥갓잎 올리기 → 양념초, 야꾸미 곁들이기
- * 술찜소스: 다시물 2큰술, 청주 3큰술, 소금 1/3작은술

본문 P.78

도미머리 맑은국

시험시간 30분

제출 전 Check
- ☑ 맑은 국물
- ☑ 시라가네기, 죽순, 레몬

- **대파**: 흰 부분 머리카락처럼 가늘게 채 썰기 → 물에 담가 놓기
- **죽순**: 빗살로 썰기 → 데치기
- **레몬**: 오리발 모양내기
- **도미**: 비늘, 지느러미, 아가미, 내장 제거 → 머리만 사용 → 머리 반 가르기 → 소금 뿌리기 → 데치기
- 냄비에 물, 다시마 → 은근히 끓이기 → 도미머리, 죽순, 청주 → 다시마 건지기 → 약간의 간장, 소금으로 간하기 → 도미 머리 건지기 → 국물 걸러내기
- **완성**: 도미머리 → 레몬, 죽순 → 국물 → 대파채 얹어내기

본문 P.82

소고기덮밥

재료
- 가다랑어포(가쓰오부시) 10g
- 소고기(등심) 60g
- 양파 1/3개
- 팽이버섯 10g
- 김 1/4장
- 흰설탕 10g
- 진간장 15ml
- 밥(뜨거운 밥) 120g
- 실파(1뿌리) 20g
- 달걀 1개
- 건다시마 1장
- 소금 2g
- 맛술(미림) 15ml

요구사항
1. 덮밥용 양념간장(돈부리 다시)을 만들어 사용하시오.
2. 고기, 채소, 달걀은 재료 특성에 맞게 조리하여 준비한 밥 위에 올려 놓으시오.
3. 김을 구워 칼로 잘게 썰어(하리노리) 사용하시오.

본문 P.70

도미조림

재료
- 도미(200~250g) 1마리
- 꽈리고추(2개) 30g
- 건다시마 1장
- 흰설탕 60g
- 청주 50ml
- 맛술(미림) 50ml
- 우엉 40g
- 통생강 30g
- 소금 5g
- 진간장 90ml

요구사항
1. 손질한 도미를 5~6cm로 자르고 머리는 반으로 갈라 소금을 뿌리시오.
2. 머리와 꼬리는 데친 후 불순물을 제거하시오.
3. 도미를 냄비에 앉혀 양념하고 오토시부타(냄비 안에 들어가는 뚜껑이나 호일)를 덮으시오.
4. 완성 후 접시에 담고 생강채(하리쇼가)와 채소를 앞쪽에 담아내시오.

본문 P.74

도미술찜

재료
- 도미(200~250g) 1마리
- 판두부 50g
- 죽순 20g
- 당근 60g
- 쑥갓 20g
- 건다시마 1장
- 진간장 30ml
- 고춧가루(고운 것) 2g
- 소금 5g
- 생표고버섯 1개
- 배추 50g
- 무 50g
- 레몬 1/4개
- 실파(1뿌리) 20g
- 식초 30ml
- 청주 30ml

요구사항
1. 머리는 반으로 자르고, 몸통은 세장뜨기 하시오.
2. 손질한 도미살을 5~6cm로 자르고 소금을 뿌려, 머리와 꼬리는 데친 후 불순물을 제거하시오.
3. 청주를 섞은 다시(국물)에 쪄내시오.
4. 당근은 매화꽃, 무는 은행잎 모양으로 만들어 익혀내시오.
5. 초간장(폰즈)과 양념(야꾸미)을 만들어 내시오.

본문 P.78

도미머리 맑은국

재료
- 도미(200~250g) 1마리
- 대파(흰 부분) 1토막
- 죽순 30g
- 국간장 5ml
- 레몬 1/4개
- 건다시마 1장
- 소금 20g
- 청주 5ml

요구사항
1. 도미머리 부분을 반으로 갈라 50~60g 크기로 사용하시오[단, 도미는 머리만 사용하여야 하고, 도미 몸통(살)을 사용할 경우 실격 처리].
2. 소금을 뿌려 놓았다가 끓는 물에 데쳐 손질하시오.
3. 다시마와 도미머리를 넣어 은근하게 국물을 만들어 간하시오.
4. 대파의 흰 부분은 가늘게 채(시라가네기) 썰어 사용하시오.
5. 간을 하여 각 곁들일 재료를 넣어 국물을 부어 완성하시오.

본문 P.82

메밀국수(자루소바) — 시험시간 30분

- **가쓰오 다시물**: 물, 다시마 → 가다랑어포 → 고운체에 거르기
- **소바다시**: 가쓰오 다시물 1컵, 간장 2큰술, 설탕 1.5큰술, 청주 1큰술, 미림 1/2큰술 → 끓이기 → 그릇에 담기 → 얼음 넣은 볼에서 차게 식히기
- **양념(야꾸미)**: 찬물에 갠 와사비, 강판에 간 무, 송송 썬 실파
- **김**: 살짝 굽기 → 5cm 정도 길이로 가늘게 썰기
- **메밀국수**: 삶기 → 얼음물에 넣기
- **완성**: 삶은 메밀국수 김발에 말아 놓기 → 김 얹기 → 소바다시, 야꾸미 따로 담기

제출 전 Check
- ☑ 면의 익힘 정도 ☑ 장식: 하리기리
- ☑ 곁들임: 소바다시, 야꾸미

본문 P.86

우동볶음(야끼우동) — 시험시간 30분

- **새우**: 내장 제거 → 데치기 → 껍질 벗기기
- **오징어**: 껍질 벗기기 → X자로 칼집 넣기 → 1cm × 4cm로 썰기 → 데치기
- **양파, 피망, 당근, 표고버섯**: 1cm × 4cm로 썰기
- **숙주**: 거두절미
- **우동**: 데치기 → 체에 밭쳐 놓기
- **완성**: 팬에 기름 → 양파, 당근, 표고버섯 → 양념 → 새우, 오징어 → 피망, 숙주 → 우동 → 참기름 1작은술 → 완성 접시에 담기 → 가다랑어포(하나가쓰오) 뿌리기
  * 양념: 청주 2큰술, 간장 1큰술, 미림 1큰술, 소금 1/3작은술

제출 전 Check
- ☑ 각 재료의 크기
- ☑ 제출 직전 가다랑어포 올리기

본문 P.90

생선초밥 — 시험시간 40분

- **초밥**: 밥이 따뜻할 때 스시스 넣기 → 버무리기
  * 초밥초(스시스): 식초 3큰술, 설탕 2큰술, 소금 1작은술 → 녹이기
- **초생강**: 통생강 얇게 썰어 데치기 → 담금초에 재우기
  * 담금초: 식초 2큰술, 설탕 1큰술, 소금 1/2작은술
- **참치**: 소금물에 담가 놓기 → 면포에 감싸기 → 초밥용으로 썰기
- **광어**: 껍질 벗기기 → 초밥용으로 썰기   **도미**: 초밥용으로 썰기
- **문어**: 물, 식초, 간장, 소금 넣고 삶기 → 껍질 벗기기 → 초밥용으로 썰기
- **새우**: 꼬지 꽂아 삶기 → 껍질 벗기기 → 초밥용으로 손질
- **학꽁치**: 내장, 가시 제거 하기 → 껍질 벗기기 → 초밥용으로 손질

제출 전 Check
- ☑ 생선초밥의 색 조화
- ☑ 8개 제출

- **완성**: 오른손으로 밥 쥐고 검지로 와사비 찍기 → 왼손 마디에 생선 놓기 → 생선에 와사비 바르고 그 위에 밥 놓기 → 모양 잡기 → 8개 만들어 접시에 담기 → 깻잎 깔고 초생강 장식 → 간장 곁들이기

본문 P.93

메밀국수 (자루소바)

재료
- 메밀국수(생면 또는 건면 100g) 150g
- 고추냉이(와사비분) 10g
- 가다랑어포(가쓰오부시) 10g
- 무 60g
- 김 1/2장
- 각얼음 200g
- 진간장 50ml
- 맛술(미림) 10ml
- 실파(2뿌리) 40g
- 건다시마 1장
- 흰설탕 25g
- 청주 15ml

요구사항
1. 소바다시를 만들어 얼음으로 차게 식히시오.
2. 메밀국수는 삶아 얼음으로 차게 식혀서 사용하시오.
3. 메밀국수는 접시에 김발을 펴서 그 위에 올려내시오.
4. 김은 가늘게 채 썰어(하리노리) 메밀국수에 얹어내시오.
5. 메밀국수, 양념(야꾸미), 소바다시를 각각 따로 담아내시오.

본문 P.86

우동볶음 (야끼우동)

재료
- 작은 새우(껍질 있는 것) 3마리
- 갑오징어 몸살(또는 물오징어) 50g
- 가다랑어포(하나가쓰오) 10g
- 우동 150g
- 숙주 80g
- 당근 50g
- 소금 5g
- 진간장 15ml
- 식용유 15ml
- 양파 1/8개
- 생표고버섯 1개
- 청피망 1/2개
- 청주 30ml
- 맛술(미림) 15ml
- 참기름 5ml

요구사항
1. 새우는 껍질과 내장을 제거하고 사용하시오.
2. 오징어는 솔방울 무늬로 칼집을 넣어 1cm × 4cm 크기로 썰어서 데쳐 사용하시오.
3. 우동은 데쳐서 사용하고, 숙주를 제외한 나머지 채소는 4cm 길이로 썰어 사용하시오.
4. 가다랑어포(하나가쓰오)를 고명으로 얹으시오.

본문 P.90

생선초밥

재료
- 붉은색 참치살 30g
- 광어살(껍질 있는 것) 50g
- 새우 1마리
- 학꽁치(또는 꽁치, 전어) 1/2마리
- 도미살 30g
- 문어(삶은 것) 50g
- 밥(뜨거운 밥) 200g
- 청차조기잎(시소 또는 깻잎) 1장
- 통생강 30g
- 고추냉이(와사비분) 20g
- 흰설탕 50g
- 소금 20g
- 식초 70ml
- 진간장 20ml
- 대꼬챙이(10~15cm) 1개

요구사항
1. 각 생선류와 채소를 초밥용으로 손질하시오.
2. 초밥초(스시스)를 만들어 밥에 간하여 식히시오.
3. 곁들일 초생강을 만드시오.
4. 쥔초밥(니기리즈시)을 만드시오.
5. 생선초밥은 6종류, 8개를 만들어 제출하시오.
6. 간장을 곁들여 내시오.

본문 P.93

복어회

- **복어살**: 살 끝의 얇고 단단한 막 제거 → 살 안쪽 속껍질 제거 → 소금물에 담궜다가 면포에 물기 제거 → 꼬리 부분부터 회 뜨기 → 국화꽃 모양으로 놓기
- **복어껍질**: 가시 제거 → 끓는 물에 데치기 → 가늘게 채 썰기
- **미나리**: 4cm로 썰기
- **완성**: 약간의 복어살을 장미꽃 모양으로 접시 가운데 놓기 → 미나리 담기 → 지느러미 놓기 → 복어껍질 놓기 → 야꾸미와 폰즈 곁들이기
  - * 야꾸미: 고춧가루 물들인 무즙, 실파, 레몬
  - * 폰즈: 가쓰오 다시물 1큰술, 식초 1큰술, 간장 1큰술

제출 전 Check ☑ 담음새

본문 P.144

복어껍질초회

- **복어 껍질**: 가시 제거 → 끓는 물에 데치기 → 가늘게 채 썰기
- **미나리**: 4cm로 썰기
- **무**: 강판에 갈기 → 고운 고추가루 물 들이기
- **실파**: 0.5m로 썰기
- **완성**: 껍질채, 미나리, 빨간무즙, 초간장(폰즈) 버무리기 → 실파 넣고 버무리기 → 초회 담기

제출 전 Check ☑ 재료의 조화

본문 P.147

북어죽(조우스이)

- **육수**: 복어뼈에 살 발라내기 → 남은 복어살과 함께 자르기 → 물 3컵, 다시마, 복어뼈 넣고 끓이기
- **표고버섯, 당근**: 일정한 크기로 자르기
- **밥**: 찬물에 씻어 전분 없애기
- **김**: 불에 살짝 굽기 → 가늘게 채 썰기
- **끓이기**: 육수 2컵에 표고버섯, 당근 넣고 끓이기 → 복어살, 밥 넣고 끓이기 → 달걀 넣고 젓기
- **완성**: 그릇에 죽 담기 → 김, 실파 올려 내기

제출 전 Check ☑ 재료의 조화 ☑ 채 썬 김

본문 P.150

memo

복어 공통

재료
- 복어 1마리
- 무 100g
- 생표고버섯 1개
- 당근 50g
- 미나리 30g
- 레몬 1/6쪽
- 건다시마 2장
- 밥(햇반 또는 찬밥) 100g
- 실파(또는 쪽파) 30g
- 김 1/4장
- 달걀 1개
- 진간장 30ml
- 소금 10g
- 고춧가루(고운 것) 5g
- 식초 30ml

요구사항

위생과 안전에 유의하고, 지급된 재료 및 시설을 이용하여 아래 작업을 완성하시오.
[1과제] 제시된 복어 부위별 사진을 보고 1분 이내에 부위별 명칭을 답안지의 네모칸 안에 작성하여 제출하시오.
[2과제] 소제와 제독작업을 철저히 하여 복어회, 복어껍질초회, 복어죽을 만드시오.

1. 복어의 겉껍질과 속껍질을 분리하여 손질하고 가시는 제거하시오.
2. 회는 얇게 포를 떠 국화꽃 모양으로 돌려 담고, 지느러미·껍질·미나리를 곁들이고, 초간장(폰즈)과 양념(야꾸미)을 따로 담아내시오.
3. 복어껍질초회는 껍질, 미나리를 4cm 길이로 썰어 폰즈, 미나리, 실파·빨간무즙(모미지오로시)을 사용하여 무쳐내시오.
4. 죽은 밥을 씻어 사용하고, 살은 가늘게 채 썰거나 뼈에 붙은 살을 발라내어 사용하고, 당근·표고버섯은 다지고, 뼈와 다시마로 다시를 만들고, 달걀은 완성 전에 넣어 섞어주고, 실파와 채 썬 김을 얹어 완성하시오.

본문 P.142

memo